Ulrich Bode

Die Informationsrevolution

Ulrich Bode

Die Informations-
revolution

Wegweiser für
Führungskräfte

GABLER

Die Deutsche Bibliothek - CIP- Einheitsaufnahme

Bode, Ulrich: Die Informationsrevolution:
Wegweiser für Führungskräfte / Ulrich
Bode. Wiesbaden : Gabler, 1997
ISBN: 3-409-18938-6

Der Gabler Verlag ist ein Unternehmen der Bertelsmann Fachinformation.

© Betriebswirtschaftlicher Verlag Dr. Th. Gabler GmbH, Wiesbaden 1997
Lektorat: Ulrike M. Vetter

Höchst inhaltliche und technische Qualität unserer Produkte ist unser Ziel. Bei der
Produktion und Verbreitung unserer Bücher wollen wir die Umwelt schonen: Dieses
Buch ist auf säurefreiem und chlorfrei gebleichtem Papier gedruckt. Die Ein-
schweißfolie besteht aus Polyäthylen und damit aus organischen Grundstoffen, die
weder bei der Herstellung noch bei der Verbrennung Schadstoffe freisetzen.

Die Wiedergabe von Gebrauchsnamen, Handelsnamen, Warenbezeichungen usw. in
diesem Werk berechtigt auch ohne besondere Kennzeichnung nicht zu der Annah-
men, daß solche Namen im Sinne der Warenzeichen- und Markenschutz-Gesetz-
gebung als frei betrachten wären und daher von jedermann benutzt werden dürften.

Umschlaggestaltung: Schrimpf und Partner, Wiesbaden
Satz: Alinea GmbH, München
Druck und Bindung: Wilhelm & Adam, Heusenstamm
Printed in Germany

ISBN 3-409-18938-6

Vorwort

Die Informationstechnologien bedeuten einen gewaltigen Umbruch in der Menschheitsgeschichte, vergleichbar mit der vorausgegangenen industriellen Revolution. Dampfmaschine und Eisenbahnen waren die Auslöser der industriellen Revolution, in der die körperliche Arbeitsfähigkeit des Menschen durch Maschinen massiv gesteigert wurde. Durch die informationelle Revolution mit Computern und Datennetzen wird die geistige Arbeit fundamentale Veränderungen erfahren. Diese Revolution ist nicht allein eine technische Innovation, sondern geht einher mit einem umfassenden gesellschaftlichen Wandel. Die Verdopplung der technologischen Leistungsfähigkeit alle 18 Monate ist zwar Antrieb für diesen Fortschritt, dieser wird aber getragen von der gesellschaftlichen Entwicklung und steht in einer Wechselbeziehung zu ihr.

Kernaussage des Buches ist es, daß Arbeitsteilung, Zentralismus und Fließbänder im Informationszeitalter nicht überholt sind, sondern sich auf einer neuen, virtuellen Ebene wiederfinden und sogar vertieft und ausgebaut werden. Die Entwicklung einer immateriellen Sichtweise, die Fähigkeit, Unternehmen und Produkten primär als Software zu betrachten, ist dabei Voraussetzung für ein zukunftsorientiertes Management. Ein mehrstufiges Wissensmanagement setzt dieses neue Verständnis in die Organisation der Unternehmen um.

„300 Seiten sollten das Maximum für ein Buch sein" hat der Wiener Altmeister Heinz Zemanek einmal in einem Gespräch gesagt. Ich setze hinzu: „Für Führungskräfte müssen 150 Seiten (zumindest für den Hauptteil) reichen." Das Buch gibt eine umfassende und zugleich kurze Übersicht über die Auswirkungen der informationellen Revolution. Es soll selbst beispielgebend sein für die strukturierte und bündige Bereitstellung von Wissen. Das Aufzeigen von Möglichkeiten und Zusammenhängen ermöglicht es Führungskräften, die Aufgabe und Organisation von Unternehmen neu zu verstehen und mit Hilfe von Informationstechnologie zu gestalten. Neben technischem Basiswissen und den Auswirkungen auf die Gesellschaft zeigt *Die Informationsrevolution* die Wege zur Neuorganisation von Unternehmen.

Die ethische Qualität von Entwicklungen habe ich nicht untersucht. Ich sehe bei den vorgestellten Prozessen keine grundsätzliche moralische Über- oder Unterlegenheit. Sie sind zuerst einmal nicht gut oder böse, besser oder schlechter, sondern *anders*. Auch auf die menschlich-psychologischen Faktoren bin ich nicht vertiefend eingegangen. Dies können andere Autoren qualifizierter.

Der Inhalt ist modularisiert, d. h. jedes Kapitel und Unterkapitel ist, soweit möglich, in sich geschlossen. Dies hat zwei Vorteile und einen Nachteil. Vorteile sind zum einen die Eignung des Textes für Hypertextsysteme. Zum anderen können Teile des Buches auch ohne Kenntnis des gesamten Inhalts nachgeschlagen werden. Nachteil ist, daß Leser, die das Buch von Anfang bis Ende durchlesen, es an einigen Stellen als Aneinanderreihung empfinden werden. Im Anhang sind im Sinne eines Serviceteils u. a. viele zum Thema gehörende Abkürzungen und Begriffe erläutert.

Die Begriffe sind - soweit sinnvoll - unverändert aus dem üblichen Sprachgebrauch übernommen. Bei „E-Mail" habe ich den Vorsatz „elektronisch" belassen, obwohl der Begriff „Tele-Mail" sachlich besser wäre. Statt des weniger fixierten Begriffs „elektronischer Markt" verwende ich allerdings „digitaler Markt", und statt „elektronische Kommunikation" ist der Begriff „Telekommunikation" naheliegend. „Front- bzw. Backcompany" ist bisher ungebräuchlich, bekannt ist Front- und Backoffice. „Office" bezeichnet aber nur die Verwaltung und bezieht nicht das ganze Unternehmen ein. Dieser Unterschied sollte durch die Neuformulierung der Begriffe deutlich werden. Das Schlagwort von der „Informationsgesellschaft" müßte im Sinne dieses Buches vielleicht in „Wissensgesellschaft" umbenannt werden. Ich habe darauf verzichtet. Vielleicht ist die Informationsgesellschaft ja auch nur eine Durchgangsstation zur Wissensgesellschaft. Das Profit-Center sollte besser Value-Center heißen und

Wertschöpfung durch Wertbildung ersetzt werden. Auch hier bin ich bei den üblichen Begriffen geblieben. Statt Materie müßte es treffender Masse heißen bzw. könnte wie bei Carl Friedrich von Weizsäcker von den Elementen Materie, Bewegung und Form gesprochen werden.

Die Trennung von real und virtuell, von Hardware und Software, ist ein Leitmotiv in diesem Buch, die Virtualität als eigenständiger Gestaltungsraum. Obwohl als Informatiker der Software „nahestehend", mußte ich einige Male die Erfahrung machen, daß ich mich gedanklich nicht immer von der Hardware lösen konnte. So teilte ich lange Zeit zwischen Front- und Backcompany weiterhin auch die Ressourcen fest auf. Vielleicht finden Leser noch die eine oder andere Unvollständigkeit und schicken mir eine E-Mail.

Per E-Mail bin ich unter ulrich@bode.de erreichbar. Bei der WWW-Adresse http://www.bode.de sind weitere Informationen zum Thema verfügbar. Sie können sich dort in die Verteilerliste für einen Informationsbrief („Newsletter") zu aktuellen Themen rund um den Inhalt dieses Buches eintragen.

Danken möchte ich den Unternehmen und Organisationen, die mich bei den Recherchen unterstützt haben.

Ulrich Bode

http://www.bode.de im März 1997

Inhaltsverzeichnis

1. Die informationelle Revolution

Der technologische Fortschritt

Im Industriezeitalter: Dampfmaschine und Eisenbahnschienen

Die Industrialisierung begann im wesentlichen mit der Dampfmaschine und der Eisenbahn, einer Dampfmaschine auf Schienen. Der gleiche Mechanismus, Gerät und Netz im Wechselspiel, ist auch für das Informationszeitalter der entscheidende Faktor. Die moderne Dampfmaschine ist der Computer, die Verkehrswege sind die Datennetze. Die Zusammenarbeit der Computersysteme im Verbund über die Netze überwindet räumliche Grenzen schneller, als es je möglich war.

Das Industriezeitalter steht für die Mechanisierung und Automatisierung der körperlichen Arbeit. Das Informationszeitalter wird auch die geistige Arbeit mechanisieren und automatisieren. Nach der Hardware kommt nun die Software.

Die Tür ins Informationszeitalter: Multimedia und Infobahn

Multimedia: Mit allen Mitteln

Die Integration aller Medien (Text, Ton, Bild, Video etc.) kann alle Sinne mobilisieren. Dies bedeutet nicht, daß alle Mittel zugleich eingesetzt werden. Vielmehr gilt es, das richtige Medium zur richtigen Zeit einzusetzen. Aber es stehen alle Mittel zur Verfügung. Der multimediale Einkauf ist gestaltbar. Ein Reiseveranstalter kann seinen Kunden jeden Urlaubsort ins Haus liefern. Hinzu kommt die zeitliche Komponente, also die Möglichkeit, Abläufe zu gestalten. Die Präsentation muß dabei nicht mehr in linearer Reihenfolge durchgeführt werden, sondern kann interaktiv erfolgen. Interaktion bedeutet Wechsel, Unterbrechung, Verzweigung. Der Kreativität sind kaum noch technische Grenzen gesetzt, sie muß die Grenzen aus sich selbst heraus ziehen.

Information Autobahn – Infobahn: Auf allen Wegen

Einmal erstellte Information kann auf vielfältigen Wegen vertrieben werden. Eine digital erstellte Zeitung kann wahlweise auf Papier, auf CD oder im Internet zur Verfügung gestellt werden, was einmalige Produktionskosten bei vielfältigen Vertriebswegen bedeutet. Notwendig ist aber nicht nur eine technische Transformation, sondern vor allem eine adressaten- und umfeldorientierte Aufbereitung. Die Präsentation in einer Zeitung muß anders umgesetzt werden als im Internet. Der entscheidende Vorteil des digitalen Vertriebes gegenüber der Papierversion sind die geringen Vervielfältigungs- und Vertriebskosten. Die Ressourcen können fast vollständig auf die Informationsgewinnung und zielorientierte Präsentation konzentriert werden.

Die Infobahn ermöglicht darüber hinaus die Sofort-Präsenz von Information. Das klassische Beispiel ist die Börse: Wer Börsendaten erst am nächsten Tag aus der Zeitung erfährt, ist schon zu spät dran. Über die Infobahn kann man live am Börsengeschehen teilnehmen. Eine Weiterentwicklung dieses Trends sind simulationsbasierte Prognosen. Von der Vergangenheit über die Gegenwart in die Zukunft.

Aus der Kombination von Multimedia und Infobahn entsteht das Hypermedia. Der Vorsatz „Hyper" kennzeichnet in diesem Zusammenhang eine Netzstruktur, die Verknüpfung von Inhalten und Objekten miteinander. Verschiedene Informationen in unterschiedlichsten Darstellungsformen, die verstreut auf Computer in der ganzen Welt gespeichert sind, werden durch Hypermedia miteinander verknüpft und interaktiv zugänglich gemacht.

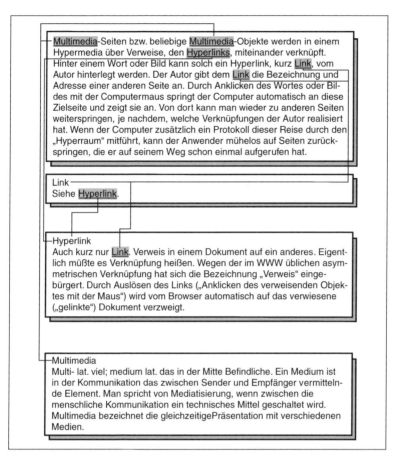

Multimedia-Seiten bzw. beliebige Multimedia-Objekte werden in einem Hypermedia über Verweise, den Hyperlinks, miteinander verknüpft. Hinter einem Wort oder Bild kann solch ein Hyperlink, kurz Link, vom Autor hinterlegt werden. Der Autor gibt dem Link die Bezeichnung und Adresse einer anderen Seite an. Durch Anklicken des Wortes oder Bildes mit der Computermaus springt der Computer automatisch an diese Zielseite und zeigt sie an. Von dort kann man wieder zu anderen Seiten weiterspringen, je nachdem, welche Verknüpfungen der Autor realisiert hat. Wenn der Computer zusätzlich ein Protokoll dieser Reise durch den „Hyperraum" mitführt, kann der Anwender mühelos auf Seiten zurückspringen, die er auf seinem Weg schon einmal aufgerufen hat.

Link
Siehe Hyperlink.

Hyperlink
Auch kurz nur Link. Verweis in einem Dokument auf ein anderes. Eigentlich müßte es Verknüpfung heißen. Wegen der im WWW üblichen asymmetrischen Verknüpfung hat sich die Bezeichnung „Verweis" eingebürgert. Durch Auslösen des Links („Anklicken des verweisenden Objektes mit der Maus") wird vom Browser automatisch auf das verwiesene („gelinkte") Dokument verzweigt.

Multimedia
Multi- lat. viel; medium lat. das in der Mitte Befindliche. Ein Medium ist in der Kommunikation das zwischen Sender und Empfänger vermittelnde Element. Man spricht von Mediatisierung, wenn zwischen die menschliche Kommunikation ein technisches Mittel geschaltet wird. Multimedia bezeichnet die gleichzeitigePräsentation mit verschiedenen Medien.

Hypermedia: Verknüpfung von Multimedia-Seiten

Multimedia-Seiten bzw. beliebige Multimedia-Objekte werden in einem Hypermedia über Verweise, den Hyperlinks, miteinander verknüpft. Hinter einem Wort oder Bild kann solch ein Hyperlink, kurz Link, vom Autor hinterlegt werden. Der Autor gibt beim Link die Bezeichnung und Adresse einer anderen Seite an. Durch Anklicken des Wortes oder Bildes mit der Computermaus springt der Computer automatisch an diese Zielseite und zeigt sie an. Von dort kann man wieder zu anderen Seiten weiterspringen, je nachdem, welche Verknüpfungen der Autor realisiert hat. Wenn der Computer zusätzlich ein Protokoll dieser Reise durch den „Hyperraum" mitführt, kann der Anwender mühelos auf Seiten zurückspringen, die er auf seinem Weg schon einmal aufgerufen hat.

The Next Step: Virtuelle Realität und Mobilität

Virtual Reality: Jenseits der Wirklichkeit

Die Simulation der Wirklichkeit und die Schaffung eigener Realitäten erfordert extrem leistungsstarke Computer. In den 80er Jahren kosteten entsprechende Geräte Millionen, Anfang der 90er Jahre gab es das erste Komplettsystem für 100.000 DM, 1995 mußte man noch etwa 10.000 DM ausgeben, im Jahr 2000 wird der Kauf eines PCs mit Virtual Reality so selbstverständlich sein wie heute ein Multimedia-PC. Phantasie kann dann Realität, Zukunft zur Gegenwart werden.

Ein Architekt kann beispielsweise aus seinen Plänen ein Haus virtuell entstehen lassen und den Kunden zu einem virtuellen Spaziergang durch sein Haus einladen. Im Produktionsprozeß können neue Verfahren erprobt und trainiert werden, ohne daß echte Produktionsstraßen aufgebaut werden müssen oder der laufende Betrieb gestört wird. Ein Auto wird virtuell entwickelt, virtuell gefahren und virtuell im Simulator getestet.

Börsenkurse könnten als Stadt dargestellt werden, die Höhe der Häuser entspricht dem Kurs, die Farbe des Hauses der Kursentwicklung, und die Branchenzugehörigkeit wird durch entsprechende Stadtviertel dargestellt. Betritt man ein Haus, erhält man weitere Informationen zur Aktie bzw. dem entsprechenden Unternehmen. Im Archiv kann man die alten Börsenwerte nachschauen, im virtuellen Geschäftszimmer den aktuellen (multimedialen!) Geschäftsbericht lesen, und im Marketing-Zimmer kann man sich die Präsenz des Unternehmens im Internet zeigen lassen. Technisch steht dieser

Präsentationsform, auch als Spiegelwelt bezeichnet, längst nichts mehr im Wege, der Massenmarkt ist abzusehen.

Technisch ist Virtual Reality nichts fundamental Besonderes oder Neues. Sie benötigt nur gewaltige technische Ressourcen, die erst jetzt zu akzeptablen Preisen zur Verfügung stehen. Während im Hypermedia unterschiedliche Objekte miteinander verknüpft und präsentiert werden, bindet die virtuelle Realität den Betrachter unmittelbar ein. Nicht nur der Geist, sondern auch der Körper wird Teil des Systems. Eine Alternative beschreibt William Gibson in seinem Science-Fiction-Roman *Newromancer*: Im „Cyberspace" (kybernetischer Raum) wird das menschliche Gehirn unmittelbar an die digitale Erlebniswelt angeschlossen. Der Körper ist hier nicht Teil des Systems, sondern hat nur noch die Funktion der Gehirnaufbewahrung. Gibson hat zwar den Begriff „Cyberspace" geprägt, allerdings versucht gerade das, was als Virtual Reality realisiert wird, den Körper und seine Wahrnehmung zu integrieren. Nicht nur die Fernsinne wie Hören und Sehen sollen angesprochen werden, sondern auch die Nahsinne wie Tasten oder sogar Riechen. Das Medium entwickelt sich von einem Vermittler zu einem Element im Sinne von „in seinem Element sein".

Die Vernetzung nimmt uns Raum und Zeit weg, Virtual Reality schafft eine eigene Raumzeit. Die Zivilisation hat Afrika und Amerika erobert, sie ist zum Mond geflogen. Jetzt erobert sie sich eine Welt, die sie selber zu erschaffen im Begriff ist. Die virtuelle Welt kann perfekter als die reale Welt gestaltet werden. Aber es gilt: Perfekt ist nicht vollkommen. Ein Gesicht ohne „Ecken und Kanten" ist leblos. Fehlerlos ist nicht menschlich.

Multimedia	Hypermedia	Virtual Reality
Flexibilität	Integration	Raum und Zeit
Objekte	Netzwerk	Welt
Sinne	Kontakte	Verhalten

Die Entwicklung der Medien

Mobilität: Die Spinne im Netz

Die Integration verschiedenster Geräte und deren Funktionen (Telefon, Fax, Fernseher, PC) in ein einziges Gerät und dessen rapide Verkleinerung bis zum Taschenformat ermöglichen bei gleichzeitigem Ausbau des Mobilfunks den unabhängigen mobilen Einsatz. Sofortiger Zugriff auf alle Informationen und direkte Erfassung der Daten mit umgehender Weiterleitung stärkt die Kompetenz vor Ort und ermöglicht die sofortige Bearbeitung und Entscheidung. Jeder Ort wird zum Mittelpunkt.

Dokumentation als Rückgrat für die Entwicklung und den Bau eines Autos

Entwickelte man früher ein Auto, so waren Tausende von Konstruktionszeichnungen sowie die weitere Dokumentation für die Wartung notwendig. In der Zukunft gibt es nur noch ein einziges, riesiges digitales Dokument. Dieses Dokument enthält alle Konstruktionen und Pläne des Autos. Jedes Team kann sich in verschiedenen Ausschnitten (ganzes Auto, Bauteil, Detail) und Größen (verkleinertes Modell, reale Größe, Vergrößerung) die Konstruktion betrachten. Nimmt man die Möglichkeiten von Multimedia und Virtual Reality dazu, sind verschiedene Darstellungen (Zeichnung, Text, 3 D, Modell) desselben Inhaltes möglich (Multiperspektive). In der Interaktion mit dem Modell kann das Produkt bereits getestet werden, bevor auch nur ein Prototyp real erstellt wird. In jeder Phase, von Entwicklung über die Produktion bis zur Wartung, kann man im Modell herumgehen, es von verschiedenen Seiten betrachten, verschiedene Varianten ausprobieren. Dank Infobahn und Mobilfunk gelangen die Daten an jeden Ort in der Welt, dort wo diese gerade gebraucht werden. Vor der Fahrt mit dem Auto kommt die Reise durch das Auto.

Unternehmensdokumentation der Zukunft

Universalisierung durch Digitalisierung

Binäre Codierung

Erinnern wir uns zurück an die Schulmathematik: Jede Dezimalzahl kann durch eine Binärzahl dargestellt werden. Gleiches gilt auch für Hexadezimalzahlen oder römische Zahlen. Zahl für Zahl wird in aufsteigender Reihenfolge die entsprechende Binärzahl zugeordnet. Diese Codierungsweise ist grundsätzlich auch für ganz andere Dinge verwendbar. Das Schriftalphabet kann zum Beispiel genauso Buchstabe für Buchstabe „durchnumeriert" werden. Die Buchstaben werden als Binärzahlen kodiert (z. B. „C" als 00000010) und umgekehrt wieder dekodiert (00000010 als „C").

Das Binärsystem verwendet die beiden Ziffern (0, 1), das Dezimalsystem die zehn Ziffern (0, 1, 2, 3, 4, 5, 6, 7, 8, 9), das römische die Ziffern (I, V, X, ...) und das Hexadezimalsystem (16er System) die Ziffern (0, 1, 2, 3, 4, 5, 6, 7, 8, 9, A; B, C, D, E, F). Beim Hexadezimalsystem werden 6 Buchstaben des lateinischen Alphabetes als Ziffernsymbole zweckentfremdet.

Mittels Durchnumerierung lassen sich unterschiedlichste Signale und Daten auf Codes abbilden. Auf der einen Seite eines Codes steht immer die Codenummer, auf der anderen Seite der zu codierende Wert. Im Gegensatz zur stetigen analogen Darstellung ist eine Codierung gestuft. Beispielsweise wird auf einem Quecksilberthermometer die Temperatur analog durch die Quecksilbersäule gemessen und durch die Zahlenskala auf dem Glasrohr codiert. Die Skala kann nicht beliebig genau sein, weil die Nachkommastellen nicht endlos notiert werden können. Im Normalfall ist die Aussage 24,7 °C aber auch ausreichend. Codierung analoger Daten heißt also eine Quantelung der Beobachtung, ein Abstufung und damit ein mehr oder weniger wichtiger Informationsverlust. Nur wenn die zu codierenden Daten selbst schon abgestuft sind (etwa Buchstaben), tritt kein Informationsverlust ein.

Binär	Dezimal	Römisch	Hexadezimal	lateinisches Alphabet
0000 0000	00	-	00	A
0000 0001	01	I	01	B
0000 0010	02	II	02	C
0000 0011	03	III	03	D
0000 0100	04	IV	04	E
0000 0101	05	V	05	F
0000 0110	06	VI	06	G
0000 0111	07	VII	07	H
0000 1000	08	VIII	08	I
0000 1001	09	IX	09	J
0000 1010	10	X	0A	K
0000 1011	11	XI	0B	L
0000 1100	12	XII	0C	M
0000 1101	13	XIII	0D	N
0000 1110	14	XIV	0E	O
0000 1111	15	XV	0F	P
0001 0000	16	XVI	10	Q
0001 0001	17	XVII	11	R
0001 0010	18	XVIII	12	S
0001 0011	19	XIX	13	T
0001 0100	20	XX	14	U
usw.				

Codierungen

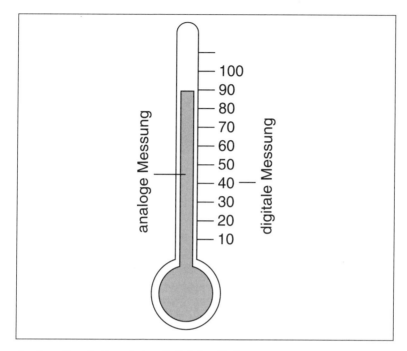

Analoge Quecksilbersäule mit digitaler Skala

Ähnlich wie die Temperatur kann auch ein Ton digitalisiert werden. Trägt man die analogen Tonhöhen auf einem Koordinatensystem ab, so kann man in bestimmten Zeitabständen die Tonhöhen messen. Die Digitalisierung ist einer gewissen Ungenauigkeit unterworfen, die zwei Ursachen hat: die Skala ist (wie bei der Temperatur) nicht beliebig verfeinerbar, und auch auf der Zeitachse kann der Zeitabstand nicht beliebig klein gemacht werden. Ab einer bestimmten Genauigkeit (einige 1.000 Abtastungen pro Sekunde) ist der Zeit-, und somit auch der Tonverlust, allerdings für das menschliche Ohr nicht mehr wahrnehmbar.

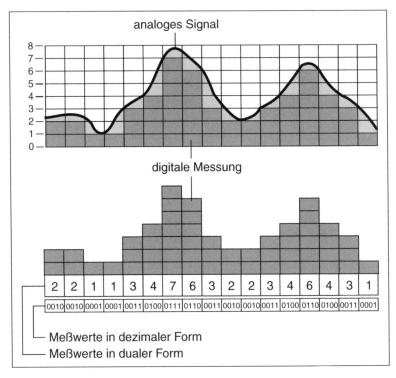

Ton digitalisieren

Bilder werden zur Digitalisierung in kleine Quadrate, sogenannte Pixel, eingeteilt. Je Pixel wird Helligkeit und Farbwert gemessen. Je feiner die Skalen sind, desto besser ist die Auflösung. Die Datenmenge eines Bildes wächst mit der Verbesserung der Skalen allerdings gewaltig an. Eine Verdopplung der Auflösung führt zu einer Vervierfachung der Datenmenge, bei dreidimensionaler Darstellung sogar zur Verachtfachung. Dadurch werden Bilder äußerst speicher- und übertragungsintensiv, noch mehr als dies bei Audiodaten der Fall ist. Verschiedenste Methoden zur Grafikdarstellung versuchen, diese Datenmenge durch spezielle Kodierungs- und Kompressionsverfahren auf ein akzeptables Maß zu reduzieren.

Multimedia

Der Übergang von analoger zu digitaler Darstellung flexibilisiert die Nutzung eines Computers fast beliebig. Analoge Systeme sind in der Regel nur für den vorgesehenen Zweck geeignet, so kann beispielsweise ein Thermometer nicht zum Telefonieren benutzt werden. Digitale Systeme sind dagegen grundsätzlich frei in der praktischen Ausgestaltung. Es ist gleich, ob man auf einem digitalen Computer Texte, Töne, Bilder, Temperaturen, Telefonate oder Spielfilme speichert und bearbeitet. Der Computer muß deshalb selbst nicht grundsätzlich geändert werden, allenfalls um eine Schnittstelle (etwa Mikrofon und Lautsprecher) mit geeigneter Software erweitert werden. Das klassische Dokument (Text und Grafik) kann ohne großen Aufwand um zahlreiche Medien erweitert werden, es wird eben multimedial. Darüber hinaus läßt sich das Dokument mittels gestalteter Interaktionen oder Videofilme auch um den Faktor Zeit erweitern. Form und Funktion stehen bei analogen Systemen in einem engen Wechselverhältnis. Bei digitalen Systemen ist dieser Kontext nicht mehr gegeben. Erst in der Interpretation gewinnen digitale Daten ihre Bedeutung zurück. An die Stelle der Form tritt die Interpretation.

Digitale Computer sind folglich wesentlich besser als analoge Systeme geeignet, rasch auf Änderungen und neue Anforderung zu reagieren. Neue Anwendungen können auf eine bestehende digitale Infrastruktur aufgesetzt werden. Die Entwicklung der Anwendung wird von der Entwicklung der technischen Basis entkoppelt. Diese Gestaltungsfreiheit der Anwendung ermöglicht die umfassende Integration von Text, Ton und Bild. Fernsehen und Computer, Radio und Telefon benutzen dieselbe technische Basis und können zusammenwachsen. Diese Integration ist nicht mehr aufzuhalten, wenn sie auch nur Schritt für Schritt erfolgen wird. Notwendige Voraussetzung für die multimediale Integration aber ist die globale Standardisierung der verwendeten Codierungen und Schnittstellen.

Der Vorteil von Multimedia ist nicht allein, daß alle Medien gleichzeitig eingesetzt werden können. Die entscheidende Bedeutung von Multimedia ist die durch die Digitalisierung geschaffene Unabhängigkeit der Infrastruktur. Hat man sich auf einen Codierungsstandard für ein neues Medium geeinigt, ist das Medium mit allenfalls kleinen Erweiterungen auf die bestehende Infrastruktur aufsetzbar. Die hohen Kosten für eine neue Infrastruktur entfallen, neue Darstellungsformen und Anwendungen können innerhalb kürzester Zeit eingesetzt werden, Innovationen sind mit großem Tempo realisierbar. Der Computer ist ein Metamedium – das Medium für andere Medien.

Vernetzung

Vernetzt man alle Computer, kann man über diese nicht nur zeit- und raumunabhängig miteinander kommunizieren, es ist auch ein schneller Zugriff auf die Ressourcen anderer Computer möglich. Diese Ressourcen können Daten jeder Art wie Informationsdatenbanken, digitale Zeitschriften oder Spielfilme sein, aber auch Dienstleistungen oder schlicht Computerkapazitäten. Mehrere Computer können im Zusammenspiel ihre Ressourcen für eine gemeinsame Aufgabe zur Verfügung stellen. Die Vernetzung optimiert den Einsatz von Ressourcen raumübergreifend und beschleunigt den Informationsaustausch fast beliebig.

Die Informationsgesellschaft erhält ihre Dynamik aber nicht allein aus der Revolution ihrer technischen Möglichkeiten. Diese Revolution geht vielmehr einher mit einem gesellschaftlichen Umbruch, in der Monopole und Hierarchien zugunsten von Selbstorganisation und Eigenverantwortung abgelöst werden. Teamarbeit und Kundenorientierung überlagern Fließbandarbeit und Produktorientierung. Diese Entwicklung der Gesellschaft ist nicht nur zur Grundlage der Organisation von modernen Unternehmen geworden, die so immer komplexere Aufgaben lösen können, sondern sie erfaßt alle unsere Institutionen, wie Staat, Gewerkschaften oder Parteien, aber längst auch Familie, Vereine und Schulen. Die klassische Familie des 19. Jahrhunderts beispielsweise wird ersetzt durch Wohngemeinschaften, wechselnde Partnerschaften, Teilfamilien und wieder neu zusammengesetzte Familien. Trennen und neu zusammenfügen – das Gestaltungsmuster der Informationsrevolution. Dieser Entwicklungsschritt erfolgt unabhängig von der technischen Entwicklung. Nicht nur die Computer werden vernetzt, sondern die gesamte heutige Gesellschaft besteht aus einem vielfältigen sozialen und wirtschaftlichen Netz. Die Hierarchie kennzeichnete die Industriegesellschaft, das Netzwerk charakterisiert die Informationsgesellschaft. Der Auflösung der Hierarchie folgt nicht das Chaos, sondern eine andere Form von Ordnung, nämlich das Netzwerk.

Netzstrukturen sind keine Erfindung des Informationszeitalters. Von ägyptischen Bewässerungssystemen bis zu römischen Wegenetzen spielten Netze unterschiedlichster Art schon immer eine elementare Rolle und gaben der Organisation menschlicher Gemeinschaften eine verbindende Struktur. Die Netze sind nie Selbstzweck, sondern Transportmittel für Wasser, Waren, Menschen oder eben auch Daten. Netze repräsentieren genauso auch soziale und politische Strukturen. Im Informationszeitalter wird das Prinzip Netzwerk zu einem allgemeinen Charakteristikum.

Zusammenfassung

▷ Wechselspiel von System (Computer) und Netz (Telenetz).

▷ Virtual Reality schafft eigene Realitäten und holt die Zukunft in die Gegenwart.

▷ Der Körper wird in virtuellen Welten Teil des Systems.

▷ Perfekt ist nicht vollkommen.

▷ Mobile Systeme machen jeden Ort zum Mittelpunkt.

▷ Die Dokumentation wird zum Rückgrat des Unternehmens.

▷ Digitalisierung trennt den Inhalt von der Darstellung.

▶ Digitalisierung vereinheitlicht die Infrastruktur und flexibilisiert deren Einsatz.

▶ Vernetzung macht Ressourcen raum- und zeitübergreifend verfügbar.

▶ Im Informationszeitalter wird das Prinzip Netzwerk zu einem allgemeinen Charakteristikum.

2. Die Informationsgesellschaft

Die beiden großen Trends

Zwei große gegenläufige Trends formen die Informationsgesellschaft: die Individualisierung und die Globalisierung.

Individualisierung: My Home is my Castle

Der „Popcorn-Report" über die Trends der Zukunft von Faith Popcorn beschreibt den Rückzug ins Private, die Konzentration auf die eigene Person, als den zentralen Trend beim privaten Kunden seit Anfang der 80er Jahre. Die Folgen sind, daß Kunden schwieriger zu erreichen sind und die Produkte in Tausenden von Varianten individualisiert werden müssen. Deshalb versuchen Unternehmen, alle Wege in diesen „Kokon" zu nutzen und aus wenigen intelligenten Grundteilen durch Kombination und Parametrisierung individuelle Produkte für diese Kunden maßzuschneidern.

Individualismus ist nicht die Beschränkung einer Person auf sich selbst. Niemand ist völlig losgelöst, sondern immer eingebunden in den Kontext seiner Herkunft und seines Lebensraumes. Individualismus ist vor allem der Wunsch, von anderen als Individuum erkannt und respektiert zu werden. Die Bindungen an ein Umfeld sind Teil der Identität des einzelnen. Dieser Notwendigkeit versuchen Unternehmen durch immer differenziertere Zielgruppenauswahl nachzukommen. Gerade in der virtuellen Welt, wenn klassische Darstellungsmöglichkeiten wie Kleidung oder Gestik ausfallen, darf ein Unternehmen aber nicht nur in Zielgruppen denken, und seien sie noch so klein gewählt, sondern muß Instrumente schaffen, um den einzelnen als Individuum und nicht als Mitglied einer Zielgruppe anzusprechen und individuelle Produkte für diesen zu fertigen. Ziel muß die persönliche Jeans sein, individuell gefertigt zum Preis der Ware von der Stange.

Der multimediale Computer macht diese Individualisierung einfacher. Software-Agenten suchen nach Informationen, die den persönlichen Interessen des einzelnen entsprechen. Sie beobachten das Nutzungsverhalten ihres „Chefs" und richten ihre Suchstrategien entsprechend aus. Sie lesen seine Wünsche buchstäblich von der Tastatur ab. Die persönliche Zeitung entsteht. Produktionsstraßen im Automobilbereich sind so organisiert, daß sie nicht nur jeden Wagen individuell fertigen können und ggf. im nachhinein noch „Tunen" (Individualisierung im Kleinen), sondern bei geringen Rüstzeiten rasch den Wagentyp auf der Produktionsstraße wechseln können (Individualisierung im Großen). Durch Dezentralisierung und Verlagerung der Verantwortung an die Schnittstelle zum Kunden realisieren die Unternehmen die Individualisierung ihrer Kundenbedienung. Kundenbezogenheit statt Fachgliederung sind notwendige Änderungen in der Organisation und so die Kennzeichen moderner Unternehmen. In der Computerwelt entspricht dies der Entwicklung vom zentralen Großrechner zum individuellen Personal Computer.

Die Fragmentierung, Fraktionierung und Verteilung von Ressourcen ist ein Wesensmerkmal der kulturellen Entwicklung unserer Zeit. Diese Teilung, das Ende der wohlgeordneten Hierarchien, schafft zugleich die nötigen Voraussetzungen für mehr Flexibilität. Die individuellen Bruchstücke brauchen aber auch die Kraft der gesellschaftlichen Integration, um ein Auseinanderfallen zu verhindern. Die Notwendigkeit der Integration findet sich in der Forderung nach Teamfähigkeit von Mitarbeitern wie auch hinter dem Schlagwort des „Global Player" wieder. Eine Demokratisierung von Information und Kommunikation wirkt aber auch nivellierend: Masse statt Klasse. Dies kann entweder durch Qualitätsmaßnahmen wie Begutachtung und Prüfung selektiert, dem Wettbewerb von Angebot und Nachfrage überlassen oder nach dem Prinzip „Wo viel Licht ist, da ist auch viel Schatten" als kreative Ursuppe gewünscht werden.

Individualisierung	Globalisierung
Spezialist	Generalist
Kernkompetenz	Weltmarkt
Orientierung am Kunden	Globale Marken
Lokalisierung	Internationalisierung
Dezentralisierung	Teamarbeit
Personal Computer	Computer-Netzwerk
Interaktiv	Nichtlinearität
Im Kleinen	Im Großen
Fragmentierung	Integration
Demokratisierung	Multikulturell
Rassismus unter Menschen	Zerstörung von Kulturen
Subsidarität	Solidarität
Einheit	Ganzheit

Individualisierung und Globalisierung

Globalisierung: Weltweit allzeit bereit

Der Raum: Das globale Dorf

Das Schlagwort McLuhans vom „globalen Dorf" kennzeichnet einen Trend, der in der Menschheitsgeschichte vom Römischen Reich bis zur Christianisierung immer wieder treibende Kraft für die Organisation des Lebens war. Aber erst im Informationszeitalter werden Raum und Zeit geradezu aufgelöst. Präziser gesagt: Raum und Zeit werden nicht aufgelöst, sondern die Menschen machen sich davon unabhängig, so wie in der Evolutionsgeschichte jeder Organismus nach Unabhängigkeit von seiner Umwelt gestrebt hat. Globalisierung bedeutet Handeln ohne Raum, Handeln über jede Entfernung hinweg ohne Zeitverzug. Jeder kann überall zu jeder Zeit präsent sein. Internationale Unternehmen werben für globale Marken mit internationalen Superstars. Banken stehen ihren Kunden rund um die Welt im 24-Stunden-Service zur Verfügung. Durch die weltweite Vernetzung von Computern ist diese Omnipräsenz nicht mehr auf große Unternehmen beschränkt. Selbst ein Ein-Personen-Unternehmen ist in der Lage, sich weltweit zu präsentieren und zu handeln. Die Globalisierung bildet den Gegenpol zur Individualisierung.

Die Gesellschaft: Multikulturelles Miteinander

Der einzelne ist in der Lage, sich sein soziales Umfeld weltweit zu organisieren, zu vernetzen. Er kann, wie es für Unternehmen üblich geworden ist, weltweit einkaufen und sich die Rosinen herauspicken. Er steht in Kontakt mit ihm persönlich unbekannten Menschen, diskutiert und arbeitet mit diesen. Der Ort ist unwichtig. Die Globalisierung erfordert von den Staaten eine internationale Abstimmung ihrer Wirtschafts- und Rechtssysteme, was sehr viel schwieriger ist, als die weltweite Standardisierung technischer Systeme durchzusetzen. Die Globalisierung beschränkt sich aber nicht allein auf Märkte. Auch das Verständnis für globale Zusammenhänge wächst, der soziale Handlungsraum ist nicht mehr an einen Ort gebunden. Jeder kann von Gruppe zu Gruppe „zappen", von Kontinent zu Kontinent, von Kultur zu Kultur. Die Informationsgesellschaft ist zwangsläufig eine „multikulturelle" Gesellschaft. Dies erfordert vom einzelnen eine enorme Integrationsleistung, wenn er sich im ständigen Wechsel zwischen unterschiedlichsten Kulturen bewegen muß. Multikultur ist das gesellschaftliche Gegenstück zur technischen Multimedia.

Die Zeit: Weltweit „on Demand"

Die Auflösung der Zeit wird organisatorisch manchmal als „Just in Time" bezeichnet. „Just in Time" bedeutet aber nicht „Sofort", sondern „in vorgegebener Zeit", d. h. eine Lieferung hat innerhalb eines bestimmten Zeitraumes zu erfolgen. Dies kann auch „in einer Woche um 11 Uhr" sein. Gleiches gilt für den verwandten Begriff „Real-Time", für den in der Praxis aber häufig die Vorgabe „innerhalb zwei Sekunden" gilt, was mit „Sofort" gleichgesetzt wird. Wer sich von der Zeit unabhängig machen will und sofort bedienen möchte, braucht ein Lager. Kaum ein Supermarkt gibt sein Warenlager zugunsten von „Just in Time" auf. Information hat den Vorteil, daß sie zwar viel Aufwand für die Aufbereitung und Pflege benötigt, aber dafür leicht lagerbar ist. Information kann deshalb auch ohne lokales Lager nicht (bloß) „Just in Time" geliefert werden, sondern „On Demand", auf Anforderung. Beispiel: Ein Musikladen verzichtet auf sein Warenlager für Musik-CDs. Statt dessen werden von einem digitalen Kiosk aus die gewünschten Musiktitel auf eine leere Audio-CD übertragen. Dazu hat ein zentraler Audio-Computer (irgendwo in der Welt) alle geführten Titel als Audio-Daten gespeichert. Auf individuelle Anforderung und Zusammenstellung werden die Audio-Daten an den CD-Kiosk übertragen, auf der leeren CD gespeichert und diese mit einem persönlichen Label versehen. Der neueste Hit ist sofort überall in beliebiger Menge lieferbar. „On Demand" ist die Omnipräsenz des Vertriebs, die Fabrik beim Kunden.

Trend	technische Realisierung	Beispiele
Selbstbedienung	intelligente Automaten	Telebanking
Kundenorientierung	Interaktivität	Hotline
Erlebniseinkauf	Multimedia	Gameshow
Sofort	Infobahn	Aktienbörse
Fantasy	Virtuell Reality	Architektur
Aussteigen	Mobilfunk	Journalist
Spezialisierung	Expertensystem	Profit Center

Trends

Die beiden Haupttrends Globalisierung und Individualisierung werden von anderen Trends begleitet und ergänzt.

Der Mensch zwischen Realität und Virtualität

Sein und Schein

Sein und Schein sind die Achsen einer Persönlichkeit. Wer bin ich, wie stelle ich mich dar? Realität und Virtualität sind eine neue Variante des persönlichen Gestaltungsraumes. Der österreichische Computerpionier Heinz Zemanek hat einmal in einem Aufsatz formuliert: „Der Computer schaut nicht aus". Der Computer wird erst im Einsatz, durch die Interpretation, zu einem Textverarbeitungssystem oder zu einem Autopiloten. An einem Fahrrad erkennt man die Funktion sofort; ein Fahrrad läßt sich auch nicht als Waschmaschine benutzen. Funktion und Erscheinungsbild, Sein und Schein, sind eins. Beim Computer ist Sein (Prozessor, Speicher, etc.) unabhängig vom Schein (Textverarbeitung, Spiel), Form und Funktion sind getrennt. Das gibt dem Computer seine fundamentale Kraft, seinen ungeheure Flexibilität. Diese Trennung ist aber zugleich das Kernproblem der Informationsgesellschaft, die wiederum Zusammenhänge herstellen, Verbindungen knüpfen, den Dingen einen Sinn geben muß.

In der analogen Welt fragen wir nach der Wahrheit, danach, woraus die Dinge bestehen. In der digitalen Welt gibt es keine Wahrheiten, nur Interpretation. Die Frage ist nicht, was im Kern in den Zahlenkolonnen steckt, sondern was sie darstellen, als was sie erscheinen sollen. In der Praxis ist es darüber hinaus nicht möglich, richtig oder falsch zu entscheiden, weil niemand alle Fakten kennen kann. Entscheidungen können nur möglichst sinnvoll sein. Es erscheint paradox, daß ausgerechnet in der digitalen Welt, der Welt aus den binären Zustände „Ja" und „Nein", die Suche nach der Wahrheit scheitert. Allein die Interpretation gibt der digitalen Welt Leben. Die Wahrnehmung erzeugt die Wirklichkeit.

Sein	Schein
Grund	Interpretation
Wahrheit	Wahrscheinlichkeit
Inhalt	Darstellung
Einheit	Trennung
Richtig-Falsch	Sinnvoll-Unbrauchbar
Simulation	Animation

Sein und Schein

Vom analogen Kontinuum zum digitalen Zusammenschnitt

In der realen Welt sind wir gewohnt, daß das, was örtlich zusammensteht, auch inhaltlich zusammengehörend ist. Die reale Welt stellt sich uns als Kontinuum dar, während die virtuelle Welt aus Einzelteilen beliebig zusammengesetzt ist. Der Benutzer eines Computers kann jederzeit zwischen den Funktionen und Objekten wechseln. In den Computernetzen kann er von Kontinent zu Kontinent springen, von Thema zu Thema, von Gruppe zu Gruppe. Es gibt kein Zentrum, um das sich die Menschen formieren; die Mitte ist der einzelne selbst und sie bewegt sich mit ihm mit. Der abrupte Wechsel, das Zappen durch die Welten, ist in der Virtualität nicht nur normal, sondern ein Wesensmerkmal. Selbst die Zeit kann rückwärts laufen. Ein Druck auf die UNDO-Taste, und eine Aktion wird rückgängig gemacht. Im realen Leben müssen wir lernen, daß unsere Handlungen unwiderruflich sind und wir die Verantwortung dafür tragen. Im virtuellen Umfeld kann ich mit meinen Handlungen experimentieren. Selbst meine eigene Person kann in verschiedene Rollen schlüpfen und von Rolle zu Rolle ihre Identität wechseln. Nicht nur in Spielwelten findet dieser Rollenwechsel statt, sondern auch im gesellschaftlichen und beruflichen Umfeld. Von Projekt zu Projekt oder von Verein zu Verein können Aufgabe und Position wechseln. Eine Stelle fixiert nicht länger auch die Position.

Die Veränderung von Denken und Handeln

Wer sich über das Internet Informationen besorgt, wer selbst Nachrichten im Computernetz zur Verfügung stellt, wer über E-Mail statt Briefe oder Telefonate kommuniziert, der verändert nicht nur seine Handlungsweisen, sondern auch Denk- und Lernformen. Virtual Reality geht sogar über den Kopf hinaus und tritt in Interaktion mit unserem Bewegungsmuster. Durch Bewegungen im virtuellen Raum können wir die von uns gewohnten Aktionen bewirken, sie können aber auch mit ganz anderen Aktionen verbunden sein. Die Sprache bietet eine Reihe von Bildern an, etwa „etwas beiseite schieben", „Dinge unter den Teppich kehren", „etwas angehen". Virtual Realität baut den Körper in die Interaktion mit dem System ein.

Computer	Mensch
Spezialist	Generalist
Quantität	Qualität
Speichern	Verstehen
Perfekt	Vollkommen
Gut bei Kompliziertem	Gut bei Komplexem
Syntax	Semantik
Form und Funktion voneinander unabhängig	Form und Funktion voneinander abhängig
Sammlung	Synthese
Zerlegung	Analyse
Routine	Kreativität
Abläufe	Gestaltwahrnehmung
Programmierbar	Flexibel
Beständigkeit	Anpassung

Computer sind keine Menschen, Menschen keine Computer

Je spezialisierter eine Aufgabe ist, die mit einem Computer ausgeführt werden soll, desto besser sind die Ergebnisse, und je häufiger er sie ausführt, desto rentabler ist sein Einsatz. Des Menschen Domäne hingegen sind inhaltsabhängige Aufgaben und die flexible Reaktion auf Veränderungen.

Mensch und Gesellschaft: Selbständig handeln im globalen Dorf

Menschen in der Informationsgesellschaft müssen eine Art Spagat vollführen, denn ihre Stellung im realen Raum entspricht nicht der im virtuellen Raum. Die Gesellschaft erfährt so eine weitere Fragmentierung, wobei sich ist das Problem in Europa anders darstellt als in Amerika, denn in Amerika gehört das Nebeneinander in verschiedenen Vierteln zur Sozialstruktur. In Europa dagegen ist alles auf ein „Dorfzentrum" ausgerichtet und Integration keine Selbstverständlichkeit, sondern Notwendigkeit.

Die Informationsgesellschaft folgt einerseits dem amerikanischen Modell: Verschiedene homogene Gruppen agieren unabhängig voneinander und kommunizieren über die technischen Netze. Die Differenzierung erfolgt nach den persönlichen Interessen. Dagegen sind die ethnischen Trennungen in der virtuellen Informationsgesellschaft aufgehoben, sie ist im ethnischen Sinne multikulturell oder zumindest unabhängig von Geschlecht, Hautfarbe und Nationalität.

Andererseits besteht die Notwendigkeit, mit völlig fremden Personen vertraut zusammenarbeiten zu müssen. Erschwert wird dies dadurch, daß 90 % der sozialen Absichten über nonverbale Kommunikation mitgeteilt werden, diese aber nur begrenzt über technische Kommunikation transferiert werden kann. Soweit diese durch Sprach- und Videokommunikation nicht realisiert werden kann, muß sie von den Gesprächsteilnehmern ausgeglichen werden.

Börsenmakler – frühe Anwender der technischen Kommunikation – berichten, daß persönliche Besuche bei Geschäftspartnern sich positiv auf die Umsätze auswirken. Bei Gruppen, die sich online treffen und normalerweise nur auf diesem Wege kennen, sind persönliche Treffen, bis hin zu regelmäßigen „realen" Stammtischen, dennoch durchaus beliebt. Offensichtlich kann die technische Kommunikation das Bedürfnis nach persönlicher Nähe nicht ersetzen, sondern verlangt diese geradezu.

Noch stärker als die soziale Fundierung der technischen Kommunikation fordert die Menschen die Notwendigkeit zum selbständigen Entscheiden und Handeln heraus. Die Bequemlichkeit und Geborgenheit der Hierarchie verschwindet mit diesem Drang zur Selbständigkeit. Aus einer Bringschuld wird eine Holschuld. Es ist eine Schlüsselfrage der Informationsgesellschaft, inwieweit die Menschen fähig sind, selbständig zu handeln und ihre Verantwortung nicht auf einen Vorgesetzten abzuwälzen oder gar in eine Fernseh- oder Drogenwelt zu entfliehen. Die Informationsgesellschaft fordert die Menschen auf das Entschiedenste heraus: Entscheidungen frei treffen zu können, handlungsfähig zu sein, Verantwortung zu übernehmen, – das sind die Aufgaben, mit denen umzugehen es gilt.

Unter den Bedingungen der Informationsgesellschaft fällt die Notwendigkeit, große Fabriken in zentralen Städten zu errichten, zunehmend weg. Die Trennung von Arbeits- und Privatleben wird wieder aufgehoben. Die handlungsintegrierten Lebensformen der Agrargesellschaft findet man in der Informationsgesellschaft in veränderter Weise wieder. Menschen in der Informationsgesellschaft müssen das vielfältige Nebeneinander nicht nur aushalten, sondern sogar mitorganisieren können, und zugleich die Kraft zur ständigen Integration aufbringen. Selbständigkeit des einzelnen und Teamgeist der Gruppe sind die Leitmotive für das Leben in der Informationsgesellschaft.

Industriegesellschaft	Informationsgesellschaft
Ortszentrum	Virtuelle Gemeinschaften
Ein Ort – eine Gesellschaft	Viele Orte – viele Gesellschaften
Wechsel des Ortes	Wechsel der Gesellschaft
Klare Trennung von Arbeit und Freizeit	Fließender Übergang von Arbeits- und Privatleben
Die Jungen lernen von den Alten	Die Alten lernen von den Jungen
Autoritäre Leitung von oben	Führen durch Koordination
Technisierung durch Wissen	Technisierung des Wissens
Spezialisierung von Wissen	Integration von Wissen
Die Zeit wird eingeteilt	Die Zeit wird überbrückt
Atome	Bits
Struktur	Prozeß
Aufbau	Ordnung
Wechselbeziehung	Interaktion
Mikroskop	Fernrohr
Computer	Netzwerk
Suche nach dem Kern, dem Einen	Suche nach dem Zusammenhang, dem Kontext
Universalformel	globale Struktur
Abbildung	Modellierung
Objekt	Produkt
Subjekt	Mensch
Wort	Bild
Analyse	Synthese

Die Gesellschaft im Umbruch

Politik: Die neuen Koordinaten

Bis Ende des 18. Jahrhunderts war die Agrargesellschaft in „oben" und „unten" geteilt. Die Fürsten regierten über das gemeine Volk. Mit dem sich entwickelnden Bürgertum und der industriellen Revolution verlagerte sich das politische Koordinatensystem von einem „oben-unten"- zu einem „links-rechts"-Schema. Die neu entstandene Sozialdemokratie füllte die linke Seite aus, während sich die alten Kräfte auf der rechten Seite wiederfanden. Am Ende der Industriegesellschaft wurde dieses Parteienspektrum durch die Partei der Grünen ergänzt, einem Kind der Hinterlassenschaften des Industriezeitalters.

Die Informationsgesellschaft wird dieses politische Koordinatensystem erneut dramatisch verändern. Aus dem „links-rechts" wird ein „vorne-hinten". Es wird nicht mehr die Frage sein, ob man links oder rechts steht, sondern ob man vorne mit dabei ist, oder ob man sich abhängen läßt. Niedersachsens Ministerpräsident Gerhard Schröder (SPD) hat das in einem Zeitungsinterview kurz und bündig formuliert: „Es gibt keine sozialdemokratische Wirtschaftspolitik mehr."

„Volkes Stimme" wird durch die neuen Kommunikationsmöglichkeiten wesentlich schneller und direkter Einfluß auf politische Entscheidungen nehmen. Wenn direkte Demokratie per Fernsehabstimmung möglich ist, wird sie auch genutzt. Die repräsentative Demokratie droht noch weiter ausgehöhlt zu werden, als dies jetzt schon durch die Demoskopie geschieht. Neue Instrumente wie Volks- und Bürgerentscheide, Mitglieder- und Mitarbeiterentscheide gewinnen als Mittler an Bedeutung. Es ist notwendig, neue Strukturen zu schaffen, so daß nicht spontane Abstimmungen entscheiden, sondern fundierte Entscheidungsprozesse. Der Weg zur Entscheidung ist mindestens genauso wichtig wie die Entscheidung selbst.

Die beiden großen Trends, Individualisierung und Globalisierung, setzen das Konzept des Nationalstaats unter starken Druck. Zwischen dem Individuum in seinem persönlichen Netzwerk einerseits und dem weltweiten Verbund andererseits droht der Nationalstaat aufgelöst zu werden. Gesellschaft, Wirtschaft und Staatsgrenze gehen getrennte Wege. Der Nationalstaat verfügt aber über eine ausgebaute Infrastruktur. Diese Infrastruktur befindet sich im globalen Maßstab (ebenso wie für jeden einzelnen) erst im Aufbau. Die Chance des Nationalstaates besteht darin, die Aufgabe des Mittlers zwischen den Welten zu übernehmen. In einer Funktion als sich selbst um- und andere ausschließende Mauer ist der Nationalstaat nicht aufrechtzuérhalten.

Bei neuen Technologien verengt sich die politische Diskussion häufig auf die Schaffung oder Vernichtung von Arbeitsplätzen. Eine sichere Prognose kann niemand seriös stellen. Ein Blick in die Geschichte zeigt aber, daß neue Fähigkeiten und Technologien – von der Entwicklung der Sprache und Schrift bis zur Erfindung des Buchdrucks und der Dampfmaschine – einer wachsenden Menschheit den Weg gebahnt und dieser das Leben und den Erwerb in großer Zahl erst ermöglicht haben. Macht- und Wohlstandsgewinn konnten die Regionen verzeichnen, die diese neuen Möglichkeiten als erste für sich nutzbar gemacht haben. Die Schnellen gewinnen, die Langsamen verlieren. Ein zentrales Merkmal heutiger technischer Entwicklung ist das hohe Tempo der Innovation. Politik muß lernen nicht hinterherzulaufen, sondern vorneweg.

Jede Entwicklung hat die Strukturen des Lebens verändert und geprägt. Diese Neuerungen sind keine unabwendbaren Naturgewalten, keine wirkungsfreien Erfindungen, sondern sie verändern das Leben durch den Gebrauch, der in der Verantwortung jedes einzelnen und der Gemeinschaft liegt.

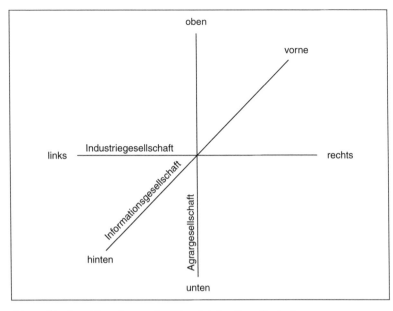

Die politischen Koordinaten im Wandel der Gesellschaften

Wirtschaft: Wissen ist Umsatz

Nicholas Negroponte zufolge handelt die Agrargesellschaft mit Genprodukten, die Industriegesellschaft mit atombasierten Produkten und die Informationsgesellschaft mit Bits. Das heißt nicht, daß Agrarprodukte oder Industrieprodukte überflüssig werden. Allerdings werden sie nicht mehr das entscheidende Wachstum stellen und prozentual gegenüber digitalen Produkten verlieren. Dies darf aber nicht darüber hinwegtäuschen, daß die industriellen Kerne für die Lebensfähigkeit einer Wirtschaftsregion auf absehbare Zeit grundlegend erforderlich bleiben. Denn Information allein ist wertlos; Information gewinnt nur in einem Zusammenhang eine Bedeutung. Ohne Produkt kein Produktservice, ohne Aktienunternehmen keine Börseninformationen.

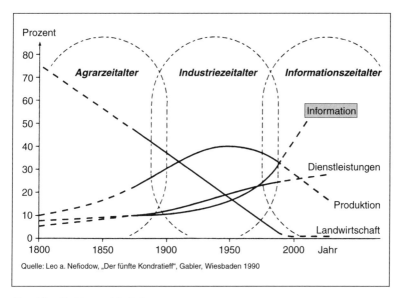

Quelle: Leo a. Nefiodow, „Der fünfte Kondratieff", Gabler, Wiesbaden 1990

Das Vier-Sektoren-Modell

In den Unternehmen ersetzen flache, vernetzte Organisationen die Hierarchien – bis hin zu virtuellen Unternehmen. Die Produktorientierung wird zugunsten der Kundenorientierung aufgegeben. Wachsende Komplexität der Märkte, eine Individualisierung der Kundenwünsche und die Anforderung, sich immer rascher an den Markt anzupassen, fordern diese Neuorganisation der Unternehmen. Die Planwirtschaft, die Organisation auf der Basis von Produktionszielen, ist nicht mehr aufrechtzuerhalten. Sie wird durch eine auftragsorientierte Produktion ersetzt. Die alte Weisheit „Das Ziel ist nichts, der Weg ist alles." setzt sich für Unternehmen durch.

Innovative, prozeßorientierte Teams müssen am Puls der Kundenwünsche agieren. Selbständige Mitarbeiter operieren, heute hier – morgen da, in mehrdimensionalen Einsatzgebieten. Als einfache Befehlsempfänger einer Hierarchie können sie ihre Aufgaben nicht mehr bewältigen. Diese Dezentralisierung bedeutet aber deshalb nicht zugleich weniger Führung. Im täglichen Handeln werden von der Führung zwar weniger operative Entscheidungen verlangt, dafür muß sie einen deutlich erhöhten Kommunikationsbedarf und ein steigendes Informationsvolumen strukturieren und beherrschen. Im Industriezeitalter haben Unternehmensführungen die Ziele festgelegt, etwa „10 % mehr Umsatz im jeweils folgenden Jahr", und den Mitarbeitern wurde der Ablauf präzise vorgegeben. Im Informationszeitalter herrscht das Prinzip „Führung durch Koordination".

Auch der Kunde wird immer selbständiger. Am Anfang eines neuen Systems steht meistens die Bedienung durch Spezialisten (Telefonvermittler, Chauffeur). Dies weicht später der Selbstbedienung durch den Kunden. Telefonvermittler beispielsweise sind so gut wie überflüssig geworden; wer heutzutage telefonieren will, der wählt selbst und wird dabei von einem Automaten unterstützt. Ähnlich können intelligente Computerprogramme in Produkten die Selbstbedienung auch komplizierter Geräte möglich machen. Ein Beispiel sind die modernen Fotoapparate. Allerdings wird oft noch der Fehler gemacht, Technik zur unübersichtlichen Funktionsgenerierung einzusetzen, wie dies beim Videorecorder geschehen ist. In der Folge der Selbstbedienung fällt beispielsweise bei Banken durch Telebanking die Notwendigkeit für ein dichtes Filialnetz weg, es werden weniger Personal und Gebäude benötigt, dafür mehr Technik und Marketing.

Nach der Bedienung durch den „Operator" (Nischenprodukt) und die „Do-it-yourself"-Bewegung (Massenmarkt) kommt in einer dritten Welle – durch hohe Differenzierung der Produkte – der Experte für die schwierigen Fälle wieder zu neuen Ehren (das Prinzip „Dienstleistung", die Orientierung am Kunden). In der industriellen Fertigung war das breit ausgebildete Personal gefragt, das jeweils auf eine Handlung spezialisiert wurde. Im Dienstleistungsbereich sind breites Handlungsvermögen und großer -spielraum erforderlich, ebenso wie der hochqualifizierte Spezialist.

Statt eines Produktes wird eine Dienstleistung verkauft. Beispielsweise werden Kopierer nicht mehr gekauft und ggf. mit einem entsprechenden Wartungsvertrag versehen, sondern man mietet das Gerät und bezahlt für dessen Nutzung. Ist der Kopierer defekt, muß sich der Vermieter um Reparatur oder Austausch bemühen. Dieser kann weitere Dienstleistungen anbieten, etwa die Herstellung von Broschüren bis hin zu deren Versand. Die Produkte werden in einem Dienstleistungspaket angeboten, die Differenzierung wird vom Produkt selbst getrennt. Nach außen wird durch verschiedene Dienstleistungsangebote differenziert, nach innen durch intelligente und modulare Produkte. Die Produkte werden immer ähnlicher, der Unterschied verlagert sich ins Marketing und in die funktionale Flexibilität. Die Produkte werden nicht überflüssig, aber ihre Stellung ändert sich. Nicht der Service ist Teil der Produktleistung, sondern das Produkt ist Teil des Service.

Der kundenorientierte Service benötigt den individuellen Dialog, die „Interaktion", mit jedem einzelnen Kunden. Der Kunde wird nicht aufgrund der Zielgruppenkriterien bedient, sondern nach seinen persönlichen Bedürfnissen. Ein Hotel liefert zum Frühstück nicht deshalb eine bestimmte Zeitung ins Gastzimmer, weil die Zielgruppe des Hotels mit einer bestimmten Leserschicht korreliert, sondern weil der Gast Meier die Zeitung „Morgenblatt" liest. Der Unterschied liegt im Wissen um die Vorlieben und Gewohnheiten des einzelnen Kunden und in der Erfüllung seiner Wünsche.

Die Informationsgesellschaft lebt von Information – Wissen ist Umsatz. Dieses Wissen ist nicht mehr mit einem Maximum an Wissen an der Spitze in der Hierarchie organisiert, vielmehr muß es dort sein, wo die Wertschöpfung erfolgt. Dies erfordert neue leistungsfähige Informations- und Kommunikationsinfrastrukturen im Unternehmen. Je komplexer ein Produkt ist, je vielfältiger die Kundenwünsche, und je komplizierter das Marktgeschehen, desto wichtiger wird diese Infrastruktur, die Verfügbarkeit von Wissen.

Industrieunternehmen	Informationsunternehmen
Große Menge	Große Vielfalt
verschiedene Produkte	modulare anpassungsfähige Produkte
Fachorganisation	Kundenorganisation
Push-Marketing	Pull-Marketing
Verkäufer von Produkten	Anbieter von Dienstleistungen
Personal und Gebäude	Marketing und Technik
Hierarchie	Netzwerk
Handlungs-Spezialist	Handlungs-Generalist
Spartenberufe	Interdisziplinäre Berufe
Fabrik im Stadtzentrum	Telearbeit weltweit
Arbeitszeiten	Betriebszeiten
Arbeit	Beschäftigung
nacheinander	miteinander
Erfolgsmaßstab Einzelleistung	Erfolgsmaßstab Gruppenleistung
Erfolgsbeteiligung durch Lohnerhöhung	Erfolgsbeteiligung durch Unternehmensanteile
Schneller Arbeitstakt	Schnelle Entscheidung
Steuerung durch Anweisung	Steuerung durch Auftrag
Groß siegt über Klein	Schnell siegt über Langsam

Betriebliche Organisation im Wechsel

Bildung: Information ist, was verstanden ist

Die neuen Informationstechniken ermöglichen die Speicherung von Daten aller Art in großen Mengen. Die Systemkosten zur Speicherung der gesamten Literatur einer Staatsbibliothek belaufen sich heute auf ca. 3 Millionen DM. In 20 Jahren könnte sich eine Privatperson die Technik für eine digitale Staatsbibliothek leisten, was durch die Vernetzung aber gar nicht notwendig ist. Dieser Datenflut steht ein Informationsmangel entgegen. Der Physiker und Philosoph Carl Friedrich von Weizsäcker hat Information definiert als das, „was verstanden ist". Erst wer die Daten in seinem Kopf aufgenommen und verarbeitet hat, verfügt über Information. Es genügt nicht, Daten nur zu sammeln. Weil jeder Mensch nur über begrenzte Verarbeitungskapazitäten verfügt, sind leistungsfähige Informationsinfrastrukturen erforderlich, damit aus diesen Daten sinnvolle und nützliche Informationen gemacht werden können. Die bisherigen Strukturen mit Bibliotheken und Enzyklopädien sind im Informationszeitalter nicht mehr ausreichend. Die Informationsgesellschaft kann sich nur dann so nennen, wenn sie diese zentrale Aufgabe, aus Daten sinnvolle Information zu machen, leistet. Andernfalls werden wir nach dem Industriemüll mit Datenmüll konfrontiert werden.

Die Bewältigung dieser Aufgabe setzt voraus, daß schon in der Schule selbständiges Lernen, konstruktive Teamarbeit und der vernetzte Umgang mit Information erfahren wird. Das stark hierarchisch organisierte Schulwesen, geschaffen für die Industriegesellschaft, der einseitige Frontalunterricht und die Trennung in Fächer statt projektorientierte Interdisziplinarität sind für die Informationsgesellschaft ungeeignet. Darüber hinaus darf Lernen kein Abschluß sein, sondern muß ein fortwährender Basisprozeß werden. Virtuelle Schulen und Universitäten, das Telelearning, flexibilisieren die Aus- und Fortbildung. Wirklichkeitsnahe Simulationen, wie heute z. B. bei Flugzeug- oder Schiffsführern, können die Ausbildung deutlich verbessern und die Ausbildungszeiten senken. Sie stellen die Erfahrung in den Vordergrund, die Rezeption tritt in den Hintergrund. Aber diese technischen Möglichkeiten können die notwendigen Entwicklungen nur unterstützen. Eine strukturelle Revolution muß das Bildungswesen aus den Strukturen des 19. Jahrhunderts in die des 21. Jahrhunderts überführen. Wissensmanagement, der effiziente und effektive Umgang mit Information, ist die Schlüsselqualifikation des Informationszeitalters.

Industriezeitalter	Informationszeitalter
Bringschuld	Holschuld
Konzentration	Dezentration
Fleiß	Initiative
Disziplin	Kreativität
Einzelkämpfer	Teamarbeit
Frontalunterricht	Gruppenlernen
Unterrichtsstoff	Training
Belehrung	Lernen
Rezeption	Innovation
Speichern	Handeln
Beachten	Agieren
Erkennen	Erfahren
Verwalten	Gestalten
Aufschreiben	Experimentieren
Anweisungen	Zusammenhänge
Lesen	Kommunizieren
Gehorsam	Vorausdenken
Ziele	Wege
Ergebnis	Prozeß
Person	Persönlichkeit
Personalentwicklung	Persönlichkeitsentwicklung

Die Bildungsrevolution

Wissenschaft: Die Simulation unserer Zukunft

Dokumente in digitalen Netzen sind ständiger Änderung unterworfen, sie erfahren keine endgültige Fixierung mehr. Man spricht daher auch von „lebenden Dokumenten". Der Computerspeicher nicht als einer „der nichts vergißt", sondern der das ständige Verändern von Dokumenten im Team über Raum und Zeit hinweg ermöglicht. Der in sich geschlossene Buchdruck wird abgelöst durch den mit anderen Texten verwobenen Hypertext. Der stabile Text weicht dem flexiblen Kontext. Dem bebilderten Lesebuch folgt die multimediale Wissensdarstellung. Aus Verlagen werden Medienunternehmen. Die Einheit des Autors wird ersetzt durch kooperative Teams. Die Einteilung in Disziplinen, in Fakultäten, wandelt sich zu interdisziplinären Teamstrukturen. Aufgrund der preiswerten Produktions- und Vertriebswege kann jeder Autor seine Werke auch selbst im Netz veröffentlichen. Zugleich erfordern hochwertige und verdichtete Informationen ein leistungsfähiges Autorenteam. Die Ausstattung des Buches wird ersetzt durch die Präsentation des Inhaltes, der Vertrieb durch das Marketing. Dazu beschleunigen die neuen Kommunikationsmittel den wissenschaftlichen Prozeß schon heute in erheblichem Ausmaß und steigern das Tempo noch weiter. Unternehmen werden an diesem Wissensprozeß unmittelbar teilhaben können und müssen. Anders wird der Wissenstransfer in dieser hochbeschleunigten Umgebung nicht mehr möglich sein. Es geht nicht um Wissenstransfer, sondern darum, als Unternehmen Teil des Wissensprozesses zu sein.

Papier	Computer
Fixierter Text	Permanente Veränderung
Text und Grafik	Multimedial
Buchausstattung	Inhaltsdarstellung
Schriftstück	Hypertext
Alphabet	Medium
Linear	Vernetzt
Text	Kontext
Einteilungen	Interdisziplinär
Änderungshistorie direkt kenntlich	Änderungshistorie als Versionen
Seiten blättern	Text verschieben
Papier setzt den Horizont	Fensterblick zum Text
Schreiben strebt zur Textstabilisierung	Schreiben als Veränderungsprozeß
Schrift als gestalterischer Ausdruck	Mechanischer, kurzer Tastenanschlag
Lesen	Selektieren
Schreiben	Strukturieren
Autor	Autorenteam
Autor und Leser	Initiator und Teilnehmer
billiges Schreiben – teurer Vertrieb	teure Aufbereitung – billiger Vertrieb
Vertrieb	Marketing
Verlag	Medienunternehmen
Bibliothek	Informationsspeicher

Vom Papier zum Computer

Die Simulation der Wirklichkeit aufgrund bekannter Naturgesetze im Computer wird das zentrale Instrument der Wissenschaft in den nächsten Jahrzehnten sein. Das klassische Experiment wird im wesentlichen nur noch zur Kontrolle der Ergebnisse durchgeführt, sofern es überhaupt durchführbar ist. Materialstrukturen lassen sich aufgrund der physikalischen Gesetze bis in die subatomare Ebene beobachten und konstruieren. Komplexe Abläufe können Schritt für Schritt untersucht werden und sind beliebig oft wiederholbar. Aber auch Unternehmen und ihre Mitarbeiter werden ihr Handeln in der Simulation vorwegnehmen und testen können. Die Zukunft wird in die Gegenwart geholt.

Zusammenfassung

▷ Individualisierung erfordert Maßanfertigung.

▷ Individualität definiert sich im Kontext.

▷ Fragmentierung schafft Flexibilität und fordert Integration.

▷ Das globale Dorf: Handeln ohne Raum und Zeit.

▷ Multikulturell durch Globalisierung. Notwendigkeit der Integration.

▷ „On Demand" ist anders und auch anspruchsvoller als „Just in Time".

▷ Sein und Schein sind die Achsen einer Persönlichkeit.

▷ Die Suche nach der Wahrheit ist gescheitert.

▷ Allein die Interpretation gibt der digitalen Welt Leben. Die Wahrnehmung erzeugt die Wirklichkeit.

▷ Eine Stelle fixiert nicht auch die Position. Trennung von Person und Rolle.

- Gruppenbildung erfolgt nicht mehr allein regional. Ort, Geschlecht, Nationalität sind nicht mehr das entscheidende Klassifizierungsmerkmal.

- Zwang zum Vertrauen, Notwendigkeit der Integration, Forderung nach Selbständigkeit.

- Neue Pole der Politik: „Vorne" und „Hinten".

- Die Differenzierung der Produkte wird vom Produkt getrennt und virtualisiert.

- Nicht der Service ist Teil der Produktleistung, sondern das Produkt ist Teil des Service.

- Wissen ist Umsatz.

- Bildung: Lernen statt schulen, gestalten statt verwalten, Persönlichkeit statt Nummer.

- Unternehmen als Teil des Wissenschaftsprozesses, statt als dessen Anhang.

- Simulation als zentrales Instrument der Wissenschaft.

3. Die Praxis der Informationstechnologie

Jahrzehnt					
50er	**60er**	**70er**	**80er**	**90er**	**2000er**
▶ Benutzer arbeitet					
Online	Offline	Online	Offline	Online	Offline
Trend: Mal direkt verbunden, mal autonom.					
▶ Benutzer sind					
Operator-teams	Computer-Experten	Arbeits-gruppen	Bearbeiter	Projekt-teams	jeder
Trend: Vom Spezialisten zu jedermann, mal in der Gruppe, mal alleine.					
▶ Betriebsart					
Ein-/Aus-gabe	Batch	Time-Sharing	Lokal	Client/Server	Mobil
Trend: Zugang und Benutzung werden immer flexibler.					
▶ Innovationsträger					
Rechner	Computer-system	Mikrochip	PC	Netz	Mobilfunk
Trend: Komplettsysteme Ende der 60er, dann „Neuaufbau" von unten.					
▶ Benutzer organisiert sich als					
Gruppe	Einzelner	Gruppe	Einzelner	Gruppe	Einzelner
Trend: Benutzung mal in der Gruppe, mal auf den einzelnen konzentriert					

Die Entwicklung in das Informationszeitalter

Jahrzehnt					
50er	**60er**	**70er**	**80er**	**90er**	**2000er**

▶ Benutzer ist im

Labor	Computer-raum	Arbeits-raum	Arbeits-platz	zu Hause	überall

Trend: Von „Mensch kommt zum Computer" zu „Computer kommt zum Menschen".

▶ Benutzer macht

Rechnen	Prozeß-verarbei-tung	Daten-verarbei-tung	Präsenta-tion	Kommu-nikation	Organi-sieren

Trend: Mal werden Daten verarbeitet, mal Prozesse organisiert.

▶ Programmiersprachen

Maschi-nenbefehl	Fortran, Cobol	PL/1, Basic	Pascal, C	C++, Java	VRML, „Space"

Trend: In der Theorie immer strukturierter, in der Praxis wenig Veränderung.

▶ Paradigma

Bit	Ablauf-struktur	Daten-struktur	Modul	Objekt	Raum

Trend: Immer größere Konstrukte.

▶ Software

Komman-dos	Programm	Program-mier-System	Program-mier-Paket	Standard-Software	Bausteine

Trend: Immer mehr Funktionalität steht zur Verfügung.

▶ Darstellung von

Zahlen	Buch-staben	Texten	Doku-menten	Multi-media	Räumen

Trend: Immer höherwertigere Strukturen.

Die Entwicklung in das Informationszeitalter (Fortsetzung)

Jahrzehnt					
50er	**60er**	**70er**	**80er**	**90er**	**2000er**
▷ Integration von					
Bauteilen	HW+SW	Benutzern	Arbeits-plätzen	Unter-nehmen	Märkte
Trend: Zunehmende Integration der Umgebung.					
▷ Systemteil					
Hardware	Betriebs-system	Datenbank	Benutzer-oberfläche	Anwend-SW	Kommu-nikation
Trend: Immer näher an den Benutzer heran.					
▷ Markt					
Forschung	Militär/Konzerne	Massen-verarb.	Arbeits-platz	Privat-bereich	Alltag
Trend: Eindringen in immer mehr Märkte.					
▷ Grundtrend:					
Automa-tisierung	Skalier-barkeit	Integra-tion	Offenheit	Globali-sierung	Individua-lisierung

Die Entwicklung in das Informationszeitalter (Fortsetzung)

In den 50er Jahren wurden die Grundlagen der Informatik erforscht.
Fortschrittliche Großunternehmen führten die neue Technologie ein.
Die Computer waren per se alle groß und benötigten ganze Stock-
werke. In den 60er Jahren gelang es, die bis dahin getrennten wis-
senschaftlich-technischen und kaufmännischen Bereiche zusam-
menzuführen. Mit der Einführung der IBM /360-Familie wurde die
Software von der Hardware entkoppelt. In den 70er Jahren wuchsen
Computer-, Büro- und Nachrichtentechnik zur Informationstechnik
zusammen. Mit den Terminals wurde die Arbeit am Computer wieder
in die Fachabteilungen verlagert. Die 80er Jahre standen ganz im
Zeichen der Personal Computers: Jedem sein eigener Computer. In
den 90er wurden diese viele Millionen Einzelgeräte über lokale
Netzwerke (LAN, Intranet) und öffentliche Netzwerke (Internet)

miteinander vernetzt. Die Computerentwicklung korrespondiert mit dem Trend zur Globalisierung. Die nächsten Dekade wird beherrscht von der Metapher des Raumes, in dem sich das Individuum frei bewegen kann.

Die Entwicklung der Computerpraxis folgt bestimmten Mustern. Immer mehr Menschen haben Zugang zum Computer, immer höherwertige Arbeiten können ausgeführt werden, und immer mehr Funktionalität steht zur Verfügung. Die Programmierung umfaßt dabei immer größere Einheiten. Vom Bit ausgehend arbeitet sie heute mit ganzen Objekten und wird in einigen Jahren zur raumorientierten Programmierung übergehen. Diese Entwicklungslinien stehen unter dem olympischen Motto „höher, weiter, schneller".

Eine zweite Entwicklungslinie ist durch einen beständigen Wechsel zwischen zwei Orientierungspunkten gekennzeichnet: Den Wechsel zwischen Einzelperson und Gruppe oder von Online und Offline in der Verbindung von Computer und Mensch. Wie so oft kehren manche Entwicklungen immer wieder, die eine ist die Gegenbewegung auf die jeweils vorhergehende.

Der Computer: Der Motor des Informationszeitalters

Die Entwicklung

Am Anfang der Computerentwicklung standen die zentralen Großrechner (Mainframe) im Mittelpunkt, die auch heute noch in Großunternehmen das entscheidende Informatik-Rückgrat bilden. Das Unternehmen DEC hat in den 70er Jahren den Minicomputern zum Durchbruch verholfen, die nach dem Prinzip „immer kleiner, immer preiswerter" gebaut waren und besonders mittleren Unternehmen den Einstieg in die EDV ermöglicht haben. DEC hatte sich dabei zunutze gemacht, daß IBM dieses Potential nach unten nicht rechtzeitig erkannt hatte. Aus der Idee „jeder hat seinen eigenen Computer" entstand der Personal Computer, wiederum deutlich kleiner und preiswerter als der Minicomputer. Bemerkenswerterweise beging DEC dieselbe Fehleinschätzung wie einst IBM und wäre daran beinahe zugrunde gegangen. Sie hatten die Grundlage ihres eigenen Erfolges vergessen. Tragbare Computer (Laptop, Notebook) sind der vorläufige Höhepunkt dieser Entwicklung. Die Laborergebnisse in aller Welt lassen eine Fortsetzung dieser Entwicklung zumindest für die nächsten 20 Jahre erwarten. Gleichzeitig werden spezielle Parallelcomputer für höchste Leistungsansprüche entwickelt. Dabei arbeiten mehrere modulare Verarbeitungseinheiten gemeinsam an einer Aufgabe, so daß diese bei geschickter Arbeitsaufteilung um ein Vielfaches schneller erledigt werden kann.

Bei der Software erfolgte – zeitlich nach hinten versetzt – eine ähnliche Entwicklung wie zuvor bei der Hardware. Die bestehenden Software-Monolithen, tatsächlich meist eine Sammlung unterschiedlichster Programme, werden zunehmend durch modulare Software-Bausteine ersetzt. Im nächsten Schritt selektieren auf bestimmte Aufgaben spezialisierte Programme, sogenannte Software-Agenten, die erforderlichen Daten und stellen sie aufbereitet zur Bearbeitung zur Verfügung. Wie in einem Puzzle arbeiten sie mit anderen Software-Agenten zusammen. Computer werden immer weniger durch explizite Befehle eines Bedieners gesteuert, sondern durch beliebige Ereignisse nach dem Muster: „die Temperatur sinkt, dann muß die Heizung aufgedreht werden". Statt großer fester Abläufe zappt der Benutzer auf der Benutzeroberfläche herum und stößt verschiedene Serviceprozesse an. Dem entspricht auf Unternehmensebene die Ersetzung starrer Organisationsabläufe durch kundenorientierte Dienste.

Sogenannte Workgroup-Software unterstützt die Arbeit im Team. Beispielsweise können mehrere entfernt voneinander stehende Personen an einem Text gemeinsam arbeiten, sogar zur gleichen Zeit. Tendenziell werden alle Dokumente eines Unternehmens zu einem einzigen „Superdokument" zusammengefaßt. Was bei den Dokumenten beginnt, setzt sich bei allen Objekten eines Unternehmens fort. Immaterielle Objekte werden dazu in eine digitale Darstellung transferiert, materielle Objekte auf Daten abgebildet. Diese Entwicklung folgt der Vision, daß auch bei hoher Dezentralisierung doch alle an einem einzigen „Superobjekt" arbeiten – dem Unternehmen. Auf virtueller Ebene werden die Unternehmen rezentralisiert – stärker und umfassender als je zuvor. Workgroup-Tools und Geschäftsprozesse, multimediale Integration und virtuelle Simulationen bilden hierfür die technische Basis.

elektronische Datenverarbeitung (EDV)	Informationssysteme
Groß	Klein
zentralistisch	verteilt
real zentral	virtuell zentral
Datenverarbeitung	Informationsprozesse
Großrechner (Mainframe)	Viele dezentrale Computer
neben- und nacheinander	miteinander
propretäre Abschottung	definierte Schnittstellen
Abläufe	Ereignisse
passive Daten	aktive Informationen
Input-Output	Interaktiv
menschlicher Operator	Software-Agenten

Die Entwicklung der betrieblichen Informatik

Der Aufbau

Die Grundelemente jeden Computers sind „Steuerung und Rechenwerk", „Speicher" und „Ein- und Ausgabe". Das nachfolgende Bild zeigt diesen Aufbau.

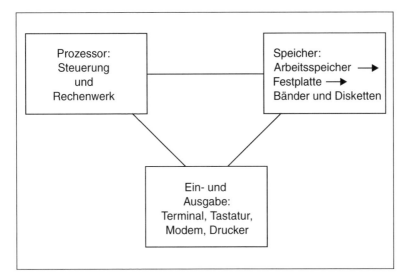

Der Aufbau des Computers

Die Steuerung und das Rechenwerk

Der Mikroprozessor übernimmt die Steuerung eines Computers und die Ausführung der Befehle. Im Prozessor werden binäre Schalter, die Transistoren, und Leitungen durch den Schaltungsdesigner so konstruiert, daß bei Einstellung einer bestimmte Binärzahl einfache Funktionen (Befehle) ausgeführt werden. Jeder Funktion wird solch einer Binärzahl zugeordnet, d. h. die Funktionen werden durchnumeriert. Diese Funktionen sind etwa das Einlesen und Speichern von Daten oder die Ausführung von Grundrechenarten bezogen auf Daten, die im Speicher stehen. Je nachdem, welchen Befehl, d. h. welche Funktionsnummer, der Programmierer am Prozessor einstellt, wird der entsprechende Befehl durchgeführt.

Mehrere Befehle können vom Programmierer hintereinander in den Speicher abgelegt werden, so daß sie durch den Prozessor nacheinander abgearbeitet werden. Eine solche Folge von Befehlen nennt man ein Programm. Damit ist weniger ein Fernsehprogramm gemeint, sondern etwa die Programme einer Waschmaschine. Je nach Einstellung durch den Bediener werden von der Waschmaschine bestimmte Befehlsfolgen abgearbeitet. Weitere klassische Beispiele für solche „Programme" im realen Leben sind Kochrezepte oder die Marschbefehle für Soldaten.

Um sich dieses Programmieren zu erleichtern, verwenden die Programmierer ersatzweise Kürzel oder Wörter anstelle der Nummern. Erst für den Prozessor müssen diese dann in die Nummern umgewandelt werden, was ein Spezialprogramm, der „Übersetzer", erledigt. Auch kann man eine Folge von Befehlen zu einem neuen Befehl zusammenfassen. Der Übersetzer ersetzt dann diesen Kürzel-Befehl durch die gewünschte Folge von Prozessorbefehlen. Auf diese Weise sind eine Reihe von sogenannten Programmiersprachen entstanden, d. h. eine aufeinander abgestimmte Zusammenstellung von Ersatzwörtern. Fast alle Programmierer schreiben ihre Programme mittels solcher Programmiersprachen.

Ein bewährtes Kochrezept:
man nehme einen Eiswürfelbehälter,
drehe den Wasserhahn auf,
fülle den Eiswürfelbehälter bis zum Rand,
drehe den Wasserhahn zu,
stelle den Eiswürfelbehälter in das Eisfach.

Der befehlsgesteuerte Soldat:
Marsch;
Links; Rechts; Links; Rechts; ….
Halt;
Rechts um;
Marsch;
Deckung;
Auf-Auf;
Marsch-Marsch;
Sammeln;

Ein Computerprogramm:

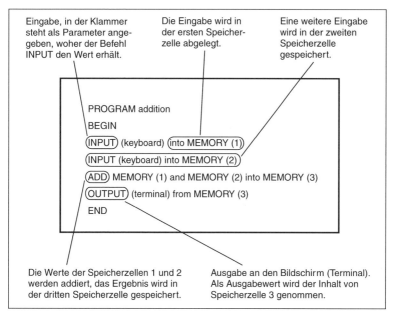

Eingabe, in der Klammer steht als Parameter angegeben, woher der Befehl INPUT den Wert erhält.

Die Eingabe wird in der ersten Speicherzelle abgelegt.

Eine weitere Eingabe wird in der zweiten Speicherzelle gespeichert.

```
PROGRAM addition
BEGIN
   INPUT (keyboard) into MEMORY (1)
   INPUT (keyboard) into MEMORY (2)
   ADD MEMORY (1) and MEMORY (2) into MEMORY (3)
   OUTPUT (terminal) from MEMORY (3)
END
```

Die Werte der Speicherzellen 1 und 2 werden addiert, das Ergebnis wird in der dritten Speicherzelle gespeichert.

Ausgabe an den Bildschirm (Terminal). Als Ausgabewert wird der Inhalt von Speicherzelle 3 genommen.

Beispiele für Programme aus dem Leben und für Computer

Das Programm liest zwei Zahlen von der Tastatur in den Speicher ein, addiert diese in eine dritte Speicherzelle und gibt das Ergebnis auf dem Bildschirm wieder aus. Statt des Eingabemediums „keyboard", der Tastatur, könnte auch eine Datei oder anderes angegeben werden. Gleiches gilt für die Ausgabe. Auch können andere Speicherzellen als die ersten drei angegeben werden, etwa wenn diese schon anderweitig genutzt werden. Diese Parametrisierungsmöglichkeit ist durch die Klammern angedeutet und an die Schreibweise mathematischer Funktionen angelehnt. Mit „CALL addition" kann man das Programm zum Ablaufen aufrufen. Dies kann entweder durch einen Benutzer erfolgen, der diesen Befehl eingibt, oder durch einen Programmierer, der die Addition in seinem Programm wiederverwendet, ohne es erneut programmieren zu müssen. Grafische

Benutzeroberflächen verbergen den aufrufenden Befehl hinter einem Ikon, einer kleinen Grafik, die mit der Maus angeklickt wird.

Große Programme bestehen aus mehreren Millionen Zeilen von Befehlen. Diese große Anzahl kann nur noch durch organisatorische Maßnahmen wie Modularisierung und Projektmanagement beherrscht werden. Man spricht deshalb auch von Software-Engineering (ingenieurmäßige Software-Entwicklung) oder Software-Design.

Die Speicher

Daten und Programme werden in Speichern aufbewahrt. Ein Bit (0 oder 1) kann auf unterschiedlichsten Medien gespeichert werden, z. B. magnetisch oder elektronisch (Polung +/-), aber auch mechanisch (geschlossen/offen) oder optisch (an/aus). Bei Speichern gibt es einen einfachen Grundsatz: je schneller, desto teurer. Je langsamer der Speicher ist, desto länger muß der Prozessor auf die benötigten Daten warten, desto langsamer ist der Computer. Deshalb hat sich ein hierarchisches Verfahren entwickelt: Die aktuell benötigten Daten befinden sich im schnellsten Speicher, der unmittelbar an den Prozessor angeschlossen wird, die große Masse der Daten dagegen auf langsameren Speichermedien. Diese Speicherhierarchie erstreckt sich vom schnellen Arbeitsspeicher über Festplatten bis zu den Bändern, Disketten und CDs. Wenn man den Arbeitsspeicher in Blöcke unterteilt, kann man mehrere verschiedene Ausschnitte (etwa die Programmabläufe von verschiedenen Benutzern) von der darunterliegenden Speicherebene im Arbeitsspeicher halten. Je ein Block des Arbeitsspeichers (oder auch mehrere Blöcke) steht dann einem Benutzer zur Verfügung. Diese Verschnittechnik wird als virtuelle Speichertechnik bezeichnet, d. h. jeder Benutzer hat den Eindruck, daß er alleine am Computer arbeitet. In Wirklichkeit steht ihm nur ein Teil des Speichers zur Verfügung und der Prozessor wechselt blitzartig zwischen den einzelnen Blöcken, so daß alle Benutzer bedient werden. Ist das Verhältnis Anzahl-Benutzer zur Systemleistung im Gleichgewicht, ist eine Verzögerung vom Benutzer nicht wahrnehmbar.

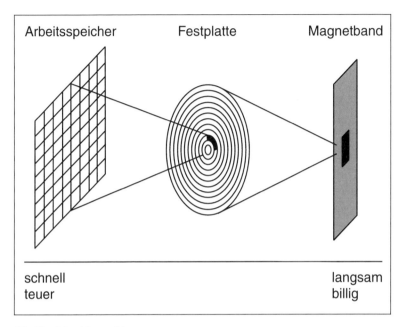

Die Speicherhierarchie

Besonderen Erfolg als Speichermedium hat seit einigen Jahren die CD-ROM. Aus dem Audiobereich übernommen, kann die CD-ROM multimediale Daten in großer Zahl bei geringem Preis und relativ hoher Geschwindigkeit speichern. Diese Technologie oder neue Techniken wie Holographie werden in den nächsten Jahren für eine rapide Weiterentwicklung sorgen, so daß Bänder, selbst im Videobereich, und erst recht Disketten weitgehend ersetzt werden können. Der entscheidende Vorteil einer CD gegenüber Bändern ist der wesentlich schnellere Zugriff auf gewählte Daten, weil der Lesekopf wie bei einer Schallplatte auf die richtige Position gefahren werden kann und nicht erst ein Band durchgespult werden muß; Nachteil ist noch die nur einmalige Beschreibbarkeit.

In Unternehmen haben sich zentrale Server als große Datenspeicher durchgesetzt. Vom Arbeitsplatz kann über ein betriebsinternes Netzwerk auf diesen Server zugegriffen werden. Im Prinzip ist es dann nur noch ein kleiner Schritt, über öffentliche Netze auf Server zuzugreifen. Das Netzwerk bekommt so neben der Kommunikationsaufgabe immer mehr den Charakter eines Superspeichers. Tatsächlich betrachtet die Informatik Speicher und Leitung als zwei Seiten einer Funktion. Oder wie das Unternehmen SUN in seinem Werbeslogan formuliert: „Das Netzwerk ist der Computer". Speicher übertragen Daten in der Dimension Zeit, Leitungen in der Dimension Raum. Je schneller die Übertragungsgeschwindigkeiten der Netze werden, desto mehr wandert das Netz in der Speicherhierarchie nach oben. Dies gilt um so mehr, je mehr Intelligenz die Netze entwickeln und Zwischenspeicher zur Verfügung stellen. Dadurch wird der synchrone Charakter von Netzen in den asynchronen Charakter der Speicher überführt. Die Frage ist hierbei nicht, entweder alles lokal oder alles über Netze gespeichert zu halten, sondern entscheidend ist es, die richtige Mischung zu finden. Grundlage der Entscheidung sind primär nicht technische Gründe, sondern die Kosten im Verhältnis zu der angestrebten Leistung.

Die Software-Schichten

Die Software in heutigen Systemen ist in Schichten geordnet. Die unterste Einheit stellt Funktionen zur Verfügung, die die übergeordnete nutzt und wiederum neue Funktionen nach oben bereitstellt. Durch diese Schichtung mit definierten Schnittstellen können einzelne Schichten ausgetauscht werden, ohne das Gesamtgefüge zu erschüttern. Nur so ist der hohe Innovationsprozeß auf allen Ebenen umsetzbar. Andernfalls müßte eine Innovation auf einer Ebene erst alle anderen ebenfalls umsetzen. Jede Schicht ist Kunde nach unten und Lieferant nach oben.

Endkunde

Benutzer

Benutzeroberfläche (User Interface)

▶ Beispiele: Windows, Motif, ISPF, WWW

Anwendungsprogramm

▶ Vertikal: Finanzbuchhaltung, Produktionssysteme etc.

▶ Horizontal: Textverarbeitung (Beispiele: MS-Word, Word Perfect), Datenbanksystem (Beispiele: DB2, Oracle, Adabas, Informix, Ingres, Sybase, Access), Tabellenkalkulation (Beispiel: Excel, 1 – 2-3)

Betriebssystem (Operating System)

▶ Dateisystem

▶ Ein- und Ausgabe, Kommunikation, Netzverwaltung

▶ Speicherverwaltung

▶ Geräteverwaltung, z. B. für Festplatten

▶ Steuerung des Programmablaufs

▶ Beispiele: bekannte Betriebssysteme sind für PCs MS-DOS, Windows und OS/2, für Mehrbenutzeranlagen Netware und Unix und im Großrechnerbereich MVS und BS 2000.

Treiber (Driver)

▶ Treiber sind spezielle Programme, die die Funktionen der Hardware dem Betriebssystem zur Verfügung stellen. Die Treiber sind die Mittler zwischen Hardware und Software.

Hardware

Die Software-Schichten

Die Telekommunikationsnetze: Die digitalen Straßen

Der Telekommunikationsbereich konnte sich u. a. bedingt durch die Staatsmonopole nicht mit der gleichen Geschwindigkeit entwickeln wie die Computertechnologie. Erst jetzt setzen aggressive Technologieschübe ein, die eine Revolution im Preis-Leistungs-Verhältnis zur Folge haben.

Zum einem werden die Netze von analog auf digital umgestellt. Das ISDN ist Kern und Vorreiter dieser Entwicklung. Diese Umstellung ermöglicht – wie schon bei der Medienintegration durch Multimedia-Computern – die Integration aller Datenströme in ein Netz. Zum anderen erfolgt die Kommunikation nicht mehr leitungs-, sondern paketvermittelt. Beim analogen Telefon wird eine Leitung für die Dauer des Gespräches belegt. Selbst wenn die Gesprächspartner sich nichts zu sagen haben, ist die Leitung im Netz nicht anderweitig verfügbar. Bei paketvermittelnden Systemen wird der Kommunikationsstrom in lauter kleine Blöcke zerlegt und jeder Block als Datenpaket auf die Reise geschickt. Am anderen Ende werden diese Teile wieder zusammengesetzt und als Ganzes präsentiert. Der Kommunikationsvorgang wird von der Leitung entkoppelt, getrennt. Durch diese Paketierung können mehrere Verbindungen zur gleichen Zeit auf ein und derselben Leitung geschaltet werden.

Sowohl bei Speichern als auch bei den Übertragungswegen gilt: je schneller, desto teurer. Deshalb hat sich eine entsprechende Verbindungshierarchie herausgebildet; die Bauteile eines Computers werden durch einen sehr schnellen sogenannten Datenbus verbunden (vergleichbar mit dem Arbeitsspeicher), die Computer in einem Gebäude durch lokale Netze (vergleichbar mit einer Festplatte) und große Entfernungen werden mit dem öffentlichen Netz überbrückt (vergleichbar mit der Diskette).

Nachrichtenverarbeitung	Kommunikationsprozesse
analog	digital
leitungsvermittelt	paketvermittelt
Leitungscharakter	Speichercharakter
Einzelnetze	Integriertes Netz
Nur Vermittlung	Umfangreiche Serviceleistungen
Nachrichtenfluß	Interaktion

Die Entwicklung der Kommunikationstechnologie

Telefonnetz

Das analoge Telefonnetz wird noch für längere Zeit das wichtigste Basisnetz sein. Über das Telefonnetz werden Telefon, Telefax, Datenaustausch und andere Dienste, die eine Kommunikation zwischen zwei Partnern aufbauen, abgewickelt. Es dient auch als Zubringer zu anderen Netzen.

Über ein Modem (Modulator-Demodulator) können digitale Signale in analoge überführt, d. h. moduliert und somit über das analoge Netz geschickt werden. Das Grundprinzip dieser digital-analog-digital-Wandlung ist einfach: eine binäre 0 entspricht einem hohen Ton, eine binäre 1 einem bestimmten tiefen Ton. Der Modulator wandelt die digitale 0 in einen analogen hohen Ton bzw. die 1 in einen tiefen, der Demodulator wandelt den Ton wieder zurück in die digitale Darstellung. Damit ist die Verbindung zweier Computer über das Telefonnetz möglich.

ISDN

ISDN steht für „Integrated Services Digital Network", das dienstintegriertes Digitalnetz. Es trägt damit der Tendenz zur Digitalisierung und folgenden Integration der Dienste Rechnung. Vorteil der Digitalisierung ist neben der Integration die höhere Betriebssicherheit beim Datenverkehr, weil die digital-analog-Umwandlung der Daten wegfällt, eine deutliche Qualitätsverbesserung und zahlreiche neue Funktionen, die nach dem Motto „ist es erst mal digital, ..." relativ einfach implementiert werden können. Darüber hinaus benötigen digitale Vermittlungsstellen deutlich weniger Fläche und Personal, was den Netzanbietern Kosteneinsparungen ermöglicht. Aus diesen Gründen ist die vollständige Ablösung der analogen Netze durch das digitale Netz nur eine Frage der Zeit.

► Telekooperation: Zusammenarbeit räumlich getrennter Personen. Insbesondere in der Entwicklung kann durch Telekooperation die Innovationsgeschwindigkeit erhöht werden.

► Telearbeit: Arbeiten von jedem beliebigen Ort aus, etwa von zu Hause oder vom Auto aus.

► Telewartung: Wartung von Geräten über Online-Verbindung. Besonders die Wartung von Computern und Systemen, bei denen Computer ein Bestandteil sind, bieten sich für Fernwartung an.

► Teleunterricht: Fernlehrgänge online mit multimedialen Lernprogrammen.

► Televisit: Besuch im virtuellen Museum, der virtuellen Bank oder anderen Online-Organisationen.

► Telekratie: Information, Diskussion und Abstimmung online.

► Telebanking: Bankgeschäfte vom Computer aus.

► Teleshopping: Über Fernseher oder Computer einkaufen. Der Versandhandel geht online. (Grundsatz: Je restriktiver die Ladenöffnungszeiten sind und je geringer die Ladendichte, desto größer die Umsätze im Teleshopping.)

► Telemedizin: Ärzte holen über Telekommunikation Spezialisten für Expertisen ein. Daten werden zwischen den medizinischen Organisationen direkt übertragen.

► Telespiele: Spiele mit anderen Menschen, die sich irgendwo in der Welt befinden.

► Telelotto: Glücksspiele von zu Hause aus.

► Telemedien: Statt über den Äther werden Radio und Fernsehen über Kabel verbreitet. Damit eröffnen sich insbesondere Möglichkeiten der Interaktion und zeitversetztes Empfangen („Video on Demand").

Mögliche Teledienste

Die Telekommunikation setzt Anwendungen in einen neuen Zusammenhang. So entstehen vielfältige Teledienste.

Die Online-Anbieter: ADACs der Infobahn

Die Online-Dienste bieten unterschiedlichste Informationen in zunehmend multimedialen Darstellungen an. Im Gegensatz zu reinen Providern (Anbietern) bieten Online-Dienste ein eigenes Informationsangebot an. Eine der wichtigsten Möglichkeiten ist die Übertragung digitalisierter Post, der Electronic-Mail. Sie kann als Weiterentwicklung des Telefax-Service gesehen werden. Die Teilnehmer können aber auch an Konferenzen teilnehmen und im Dialog miteinander „sprechen". Bisher beschränken sich diese Konferenzen auf Textdialoge, die über die Tastatur eingegeben werden. Aufgrund der Digitalisierung steht multimedialen Konferenzen grundsätzlich nichts im Wege, sie werden derzeit aber noch durch hohen Leitungskosten begrenzt.

Vorteile E-Mail:

▷ Immer erreichbar.

▷ Ein Telefonat benötigt insgesamt, d. h. mit Vorbereitung und Fehlversuchen, im Schnitt 20 Minuten Arbeitszeit, eine E-Mail nur ein Viertel davon.

▷ Leichter zu erstellen, einfacher zu bearbeiten.

▷ Gleicher Aufwand für Versand an eine Person oder einen Verteiler.

▷ Über Änderungen, neue Aufgaben oder brennende Probleme können in kurzer Zeit eine große Zahl von Mitarbeitern informiert werden und reagieren. Muster „Wer kann das Problem xy lösen?" Kompetenzen und Ressourcen des Unternehmens werden besser aktiviert.

Nachteile E-Mail:

▷ Vereinfachung ermöglicht Zunahme der Korrespondenz, die Einsparungen können durch eine Flut von E-Mails wieder aufgefressen werden.

▷ Geringere soziale Kontrolle, Entgleisungen können zunehmen.

▷ Keine erkennbare Hierarchie der Teilnehmer, deshalb sind bei Einführung von E-Mail flexible soziale Strukturen im Unternehmen sinnvoll. Andernfalls bildet sich parallel eine andere Struktur aus, die die bestehende erschüttert.

Vor- und Nachteile Electronic-Mail (E-Mail)

Bei vielen Diensten kann jeder angebotene Informationen auf seinen Computer laden (Download) oder in den Dienst einspielen (Upload). Zunehmend werden interaktive Dienstleistungen angeboten, etwa die Führung von Telekonten. In der Regel sind die Dienste mittels Computer und Kommunikationssoftware über das Telefonnetz oder ISDN zu erreichen. Die Dienstanbieter führen meistens auch die Abrechnung durch.

> ▶ E-Mail: Versenden und Empfangen von Post
> ▶ Abruf von Informationen aller Art
> ▶ Präsentation von eigener Information
> ▶ Interaktiver Fernzugriff auf andere Computer (Server) mit bestimmten Dienstleistungen (z. B. Telebanking)
> ▶ Online-Konferenzen und Online-Gespräche

Die wichtigsten Online-Funktionen

Mailboxen: Der Club

Um E-Mails zu versenden, sind digitale Briefkästen erforderlich. Als solche Briefkastenanlagen sind Mailboxen entstanden. Im Prinzip kann jeder mit einem PC, einem Telefonzugang und einer Mailbox-Software eine Mailbox betreiben. Über das Telefonnetz und ein Modem erreichen die Teilnehmer die Mailbox. Jeder Teilnehmer erhält ein digitales Postfach. An dieses können andere Teilnehmer eine E-Mail schicken. Das Angebot von Mailboxen wurde schrittweise ausgebaut, so daß sie heute in der Regel über alle wichtigen Online-Funktionen verfügen. Es gibt Tausende von Mailboxen weltweit. Zum Teil sind die Mailboxen miteinander vernetzt, um den Datenaustausch zwischen verschiedenen Mailbox-Systemen zu ermöglichen. Wegen der hohen Telefonkosten haben Mailboxen meist nur lokale oder sachspezifische Bedeutung. Hinderlich ist, daß man beim Wechsel von einer Mailbox zur anderen in der Regel die eine abwählen muß, um die nächste anwählen zu können. Dieses Grundproblem ist im Internet nicht nur gelöst, sondern ein Grundmechanismus, so daß sich dieser Komfortvorteil zugunsten des Internets auswirkt.

Datenbanken: Die Bibliotheken

Verschiedene Datenanbieter, wie GENIOS-Wirtschaftsdatenbanken oder „Juris" für juristische Informationen, haben früher ihre Daten nur mit exklusivem Fernzugriff, vergleichbar mit den Mailboxen, als Datenbank angeboten. Zunehmend bieten sie diese Daten aber auch über andere Online-Dienste an. Sie verfügen in der Regel über umfassende Informationen auf Spezialgebieten.

T-Online: Der Daten-„Käfer"

T-Online ist ein Dienst der deutschen Telekom, der aus BTX/Datex-J hervorgegangen ist. Vergleichbare Dienste gibt es in anderen Ländern. In Deutschland wurde nach schwierigen Startjahren eine deutliche Steigerung der Teilnehmerzahlen durch ein neues Marketing erreicht. Vorteil des Dienstes: überwiegend deutsche Angebote, hohe Sicherheit und integrierte Abrechnung für die Informationsanbieter. Nachteil: Beschränkung auf Deutschland und eine zwar leistungsfähige, aber zum Internet inkompatible Angebotsgestaltung. Ersteres versucht man durch Kooperationen zu lösen, letzteres durch technische Weiterentwicklung. Größter Beliebtheit bei den Kunden erfreuen sich die Bankkonten im T-Online. Fast alle Bankgeschäfte kann man bequem vom Computer aus erledigen. Hier kommen T-Online seine im Bankgeschäft unbedingt notwendigen Sicherheitsfunktionen zugute. Es ist aber zu erwarten, daß andere Online-Dienste nachziehen.

CompuServe: Das Arbeitszimmer für Profis

Der Dienst wurde 1969 von einer Versicherung in Columbus, Ohio, gegründet, um Überkapazitäten im Rechenzentrum an andere Unternehmen zu verkaufen. 1979 wurde CompuServe als Informationsanbieter gegründet. Anschluß zum Netzwerk von CompuServe ist weltweit in 150 Ländern möglich. Das Netzwerk und die Zentrale in Columbus sind zentralistisch organisiert. Der Dienst verfügt mit etwa 3.000 Datendiensten über ein breites Angebot, vor allem im professionellen und semiprofessionellen Bereich. Zunehmend bemüht man sich auch im Privatbereich, dem Wettbewerb besonders durch AOL Paroli zu bieten. Der Übergang ins Internet ist möglich, mittelfristig wird der gesamte Dienst in das Internet integriert werden.

America Online (AOL): Das Wohnzimmer für die Familie

AOL konzentriert sich auf das breite Publikum, den privaten Anwender. Ähnlich wie CompuServe aufgebaut und weltweit vertreten, wächst AOL stärker als CompuServe, wenn auch mit weniger Umsatz pro Kunde. Inzwischen ist AOL der größte Online-Dienst der Welt. AOL integriert Internet-Informationen in den eigenen Dienst und bietet einen Internetübergang. In Deutschland arbeitet AOL seit 1995 mit Bertelsmann zusammen, um ein speziell deutschsprachiges Angebot aufzubauen.

Microsoft Network (MSN): Der Supermarkt

Zielgruppe von MSN sind die Verbraucher, der Massenmarkt. Ursprünglich als eigener Dienst geplant, aber von der Internet-Entwicklung überrollt, wird jetzt die Integration ins Internet angestrebt. Die Microsoft Betriebssystem-Familie Windows und das Internet sollen dazu ohne Brüche miteinander verbunden werden.

Das Internet: Das Netz der Netze

Die Aufgabe: Was macht ein Militär, wenn es verhindern will, daß der Ausfall eines Computers das gesamte System lahmlegt? Die Lösung: Dezentralisieren, d. h. jeder Computer ist eigenständig und mit verschiedenen anderen Computern vernetzt. Fällt ein Computer aus, sind alle anderen weiter funktionstüchtig, fällt eine Leitung aus, benutzt man eine andere. Das macht das Netz gegen zentrale Angriffe unempfindlich. Das Netz ist dank seiner Struktur so beschaffen, daß es mit Störungen selbständig fertig wird. Eine zentrale Aktion, etwa Zerstörung oder Zensur, ist deshalb nicht möglich, weil die Struktur genau dies ausschließt. Einflüsse auf einzelne Knoten hingegen sind nicht ausgeschlossen. Der Charakter des Netzes bleibt aber heterogen und offen. Das Netz hat strukturell kein Zentrum, keine zentrale Autorität.

Ausgelöst vom Sputnik-Schock 1957 wurde das Projekt „ARPA" des amerikanischen Verteidigungsministeriums mit der beschriebenen Überlegung gestartet. Im Rahmen dieses Projekts nahm 1969 das „Arpanet" mit 4 Computern seinen Betrieb auf. 1980 wurde es in Internet umbenannt und stand in der Folge vor allem Forschungseinrichtungen und Universitäten als Plattform zur Verfügung. Heute besteht es aus Tausenden miteinander vernetzten Computern in der ganzen Welt. Der Wechsel von einem Computer zum nächsten erfolgt nicht mehr wie bei Mailboxen durch Abwahl des einen und Anwahl des nächsten Computers, sondern durch automatische Weiterleitung mittels spezieller Internet-Software. Alle vernetzten Computer erscheinen dem Benutzer dadurch wie ein einziger Computer, obwohl das Internet völlig dezentral organisiert ist.

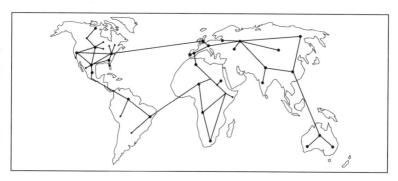

Struktur des Internet

Als grundlegendes Kommunikationsverfahren für das Internet ist das TCP/IP-Verfahren entwickelt worden. Dieses Verfahren (ein sogenanntes Protokoll) zerlegt beliebige digitale Daten in einzelne Blöcke, überträgt jeden Block und setzt die Blöcke beim Empfänger wieder in der richtigen Reihenfolge zusammen. Auf diesem Verfahren aufbauend können Dienste entwickelt und genutzt werden, u. a. E-Mail, FTP, Telnet und Usenet.

E-Mail	Electronic-Mail: Briefe über Telenetze verschicken
Telnet	Fernzugriff auf andere Computer
Usenet	Nachrichtendienst mit etwa 10.000 Diskussionsgruppen und schwarzen Brettern
FTP	File Transfer Protocol: Dienst zur Übertragung von Dateien.
WWW	World Wide Web: Hypermedia, das alle Dienste in einen integriert.

Dienste, die auf dem Internet aufsetzen

Als multimedialer Integrator dieser verschiedenen Internet-Dienste ist seit Anfang der 90er Jahre das World Wide Web (WWW) der mit Abstand erfolgreichste Dienst im Online-Bereich. Das WWW erlaubt nicht nur die multimediale Darstellung von Dokumenten, also die Verknüpfung verschiedener Objekte zu einem einzigen (Verknüpfung im Kleinen), sondern auch eine Verknüpfung von Dokumenten selbst über Computer in der ganzen Welt (Verknüpfung im Großen). Ein Dokument, das auf einem Computer in Stuttgart betrachtet wird, kann neben dem Text eines Computers in Washington ein Bild von einem Computer in Tokio enthalten. Auf jedes Dokument(enteil) ist unter seiner Adresse der explizite Zugriff möglich.

Dank der Digitalisierung können bereits heute nicht nur beliebige Dokumente und Informationen über das Internet ausgetauscht werden, sondern mit Spezialsoftware auch Telefonate geführt oder Digital-Radio empfangen werden. Selbst Videoübertragungen sind über das Netz möglich, allerdings sind die notwendigen Übertragungskapazitäten dafür in aller Regel noch sehr teuer.

Eine besondere Schwierigkeit stellt das Finden der gewünschten Information in der Datenflut dar. Verschiedene Suchhilfen und -programme erleichtern das Suchen nach Informationen anhand bestimmter Kriterien. Aufgrund der Internationalität ist es üblich, Informationen neben der Landessprache auch in Englisch anzubieten. Im Zweifelsfall gilt die Sprache der Zielgruppe.

Zugänge zum Internet gibt es über verschiedenste Provider. Aufgrund seiner tonangebenden Bedeutung realisieren auch die Online-Dienste möglichst nahtlose Übergänge ins Internet.

Ein Unternehmen, aber auch eine Privatperson kann selbst Teil des weltweiten Netzwerks werden. Dazu wird ein dafür bestimmter Computer über einen Provider an das Internet angeschlossen. Dann verfügt das Unternehmen nicht nur für die eigenen Mitarbeiter über einen hauseigenen Anschluß an das Internet, sondern kann auch auf dem Computer eigene Informationen für andere anbieten. Die Provider übernehmen diese Aufgabe auch als Dienstleistung.

Größter Vorteil des Internet ist seine Offenheit. Dies bereitet allerdings auch Schwierigkeiten, besonders wenn man auf sich abschließende Strukturen trifft. So schließen sich Offenheit einerseits und Datenschutz und Sicherheit im Rechtsverkehr andererseits erst einmal aus. Inzwischen sind aber die technischen Voraussetzungen geschaffen, um dieses offene System trotzdem sicher zu machen. Bis Ende der 90er Jahre dürften sich entsprechende Mechanismen im Markt durchgesetzt haben.

---

1. Eine Anschlußmöglichkeit zum Ortstarif in Ihrer Nähe.
2. Große Bandbreite, d. h. leistungsfähige Anbindung an das Internet.
3. Preise, die nicht zu volumenabhängig sind; genügend Speicherplatz für die eigenen Informationen.
4. Fortlaufende Statistiken zu den Abfragen der angebotenen Informationsseiten (wichtig für das Marketing!). Sie können Reichweitenmessungen auf der Empfängerseite nicht ersetzen, aber gute Anhaltswerte liefern.

Anforderungen an Internet Presence Provider

5. Virtueller Server, so daß man eine eigene Domain (Adreßbereich; z. B. bode.de) einsetzen kann.

6. Vollständige Unterstützung, etwa auch bei der Erstellung der Informationsangebote.

7. 24-Stunden-Management, d. h. Vorkehrungen bei Computer- oder Leitungsausfall.

8. E-Mail-Management.

9. Autoresponder (standardisierte Vorabantwort auf E-Mail), Mailing-Listen (Rundbriefe), ggf. Real-Audio-Funktionen (z. B. für wichtige Reden als Radio).

10. FTP, Usenet, Telnet.

Anforderungen an Internet Presence Provider (Fortsetzung)

Die externen Kosten für die Erstellung eines 20 bis 30 Seiten starken Informationsangebots eines kleinen Unternehmens im Internet belaufen sich auf ca. 2.000,- bis 5.000,- DM, und das Unternehmen muß jährlich mit weiteren externen Kosten in gleicher Höhe rechnen. Hinzu kommen die internen Kosten, etwa für die Beantwortung von E-Mails. Dafür bekommt das Unternehmen weltweite, stets aktualisierbare Präsenz. Setzt man diese Preise in Verbindung mit anderen Kampagnenformen, etwa Anzeigen in Zeitungen, dann stellt sich das Internet als preiswertes Medium dar. Geringe Kosten verursachen ergänzende Werbemaßnahmen in Newsgroups und Foren – sofern diese Werbung erlauben –, die Anbindung an Suchmaschinen oder Verweise von Verbänden und ähnliches auf die Seiten ihrer Mitglieder.

Nach oben sind diese Preise wie immer offen. Ein internationaler Großkonzern muß für seine weltweite, umfassende Internet-Präsenz mit etwa 1 – 3 Millionen DM rechnen. Die Personalkosten für die Zusammenstellung und Aufbereitung des Angebotes stellen hierbei den Löwenanteil. Doch auch hier gilt: im Vergleich zu anderen Kampagnen ist das Internet sehr preisgünstig. Gerade für kleine und mittelständische Unternehmen ist das Internet ein großer Vorteil, können sie doch grundsätzlich mit den Großen Schritt halten. Mehr noch: in der Informationsgesellschaft ist Flexibilität das, was in der Industriegesellschaft Ordnung war bzw. noch ist, und Flexibilität galt schon immer als Markenzeichen des Mittelstandes.

▶ Firmenporträt
▶ Informationen zu Produkten und Dienstleistungen
▶ digitale Kundenzeitung
▶ Produktdemonstrationen
▶ Tips und Hilfen zu Produkten
▶ Kundenkommunikation, Hotline
▶ Eigenes Digital-Radio
▶ Bestellung
▶ Bei Dienstleistungen und Software ggf. auch Lieferung
▶ Information als Produkt
▶ digitale Dienste

Heutige Online-Möglichkeiten für Unternehmen

Der Weg ins Internet

▶ Voraussetzung: Sie verfügen über einen PC, möglichst multimedia-tauglich. Darüber hinaus ist ein Modem oder ISDN-Adapter und ein entsprechender Telefon-/ISDN-Anschluß notwendig.

▶ Melden Sie sich bei einem Online-Dienst an. Ggf. kann es Sinn machen, auch mehrere Dienste zu nutzen. Beispielsweise ist T-Online top bei Telebanking, aber teuer bei Internet-Diensten. Compuserve und AOL sind beim Internet nicht nur günstiger, darüber hinaus können Sie ein (kleines) eigenes WWW-Angebot ohne Zusatzkosten über diese Dienste erstellen. Je nach Bedarf und aktuellem Angebot nutzt man den einen oder anderen Dienst.

▶ Wenn Sie im größeren Stil einsteigen wollen oder müssen, wenden Sie sich an einen Internet-Provider. Die Internet-Provider sind zwar meist teurer, dafür ist die Verbindung zum Internet leistungsstärker, sprich schneller.

▶ Bei PCs gibt es drei klassische Alltagsprobleme: die Drucker-anpassung (weil viele Drucker an verschiedenste Text- und Grafiksoftware angepaßt werden müssen), die Einstellung des Modems/ISDN-Adapters (weil es viele unterschiedliche Typen für verschiedene Netzdienste gibt) und die Umlaute im Internet (weil es ursprünglich nur für den amerikanischen Markt vorgesehen war). Für den Drucker lassen Sie sich für Ihre Software den nötigen Treiber mitgeben, für die Modem/ISDN-Einstellung brauchen Sie im Zweifelsfall eine gute Hotline des Lieferanten, und für die Umlaute im Internet sprechen Sie mit Ihrem Provider.

▶ Wachsen Sie schrittweise mit dem technologischen Fortschritt mit, statt verspätete Kraftakte meistern zu müssen. Es muß nicht immer das Neueste sein, aber das Zweitneueste sollte im Bereich des Möglichen sein.

▶ Sie selbst und Ihr Unternehmen sollten die Vorreiterdienste wie E-Mail, Online-Telefonauskunft, Home-Banking oder den Abruf von Börsenkursen nutzen.

▶ Schaffen Sie sich eine strukturierte Sammlung interessanter Informationsquellen. Die meisten Nutzer beschränken sich im WWW auf etwa 50 Informationsangebote, selten werden es mehr als 100.

▶ Lassen Sie Ihr Unternehmen Erfahrungen durch Ausprobieren sammeln. Schrittweise diffundieren die neuen Möglichkeiten dann in das Unternehmen.

▶ Drucken Sie auf Visitenkarten die E-Mail- und WWW-Adresse neben der Telefon- und Fax-Nummer.

▶ Werben Sie für Ihre WWW-Adresse. Sie müssen bei den für sie wichtigen Kunden in deren Liste der WWW-Adressen (Hotlist) eingetragen sein und natürlich auch genutzt werden. Dazu sind regelmäßig interessante Informationen erforderlich.

▶ Bleiben Sie möglichst im Kommunikationsumfeld, d. h. nicht mit einen Brief auf eine E-Mail antworten.

▶ Der Internet-Boom führt zu Problemen in den Antwortzeiten. Kritiker sprechen bereits vom „World Wide Wait". Ursache sind meistens zu geringe Leitungskapazitäten (sog. Bandbreite) des Providers, über den man Zugang zum Internet erhält. Leistungsstarke Anschlüsse sind möglich, haben aber auch einen hohen Preis. Im Einzelfall kann auch der Server, dessen Informationen abgerufen werden, überlastet sein. Hier hilft oft schon die Nutzung zu einer anderen Tageszeit. Das Internet ist dezentral organisiert, weswegen Probleme zuerst lokal zu suchen und in der Regel auch dort zu finden sind.

▶ Beschränken Sie Ihr Denken nicht durch die bestehende Technik. Das Internet ist noch lange nicht die Infobahn, aber ein erfolgreicher Vorläufer. Das Internet hat sich schon mehrmals verändert und wird dies, wie die ganze Branche, auch in Zukunft tun.

Im WWW	Investition	Monatliche Kosten	Geeignet für
Einfache Präsentation	0,- bis 3.000,-	20,- bis 50,-	Privat, Kleinunternehmen
Vollpräsentation	2.000,- bis 10.000,-	150,- bis 750,-	Klein- und mittelständische Unternehmen
Hauseigenes System	20.000,- bis 50.000,-	2.000,- bis 20.000,-	Mittelständisches Unternehmen
Großsysteme	ab 100.000,-	ab 20.000,-	Großunternehmen

Kosten für die Präsentation im WWW

Das Teuerste ist der Personalaufwand für die Erstellung und Pflege der WWW-Präsentation. Je nach Aufwand können diese Kosten auch deutlich über den in der Abbildung aufgeführten liegen. Die Kosten für das Netz selbst können über einen Online-Dienst sehr niedrig gehalten werden. Wer eine eigenständige Adresse, die sogenannte

Domain, haben möchte, kann diese mittels eines virtuellen Servers über einen Provider für einen verhältnismäßig geringen Betrag bekommen. Hohe technische Investitionen sind erst bei umfassenden hauseigenen Systemen erforderlich.

Sicherheit

Das doppelte Lottchen der Datensicherheit sind „Datenschutz und Datensicherung". Datenschutz wird in der Fachwelt als die Sicherheitsbestimmung definiert, Datensicherung als die praktische Umsetzung. Verbreitet ist aber auch die auf dem Datenschutzgesetz basierende Definition, daß Datenschutz vor Mißbrauch von Personendaten schützt, Datensicherung die Verfügbarkeit maschineller Daten sicherstellt. Die größte Gefahr für Daten kommt nicht von außen, sondern durch Fehler oder sogar Betrug von berechtigten Personen und durch technische Defekte. Fehlende Sicherheitsmaßnahmen können existenzgefährdend sein, aber perfekte Sicherheit ist nicht bezahlbar. Deshalb muß man nach dem richtigen Mittelweg zwischen Geschäft und Sicherheit suchen. Die technischen Voraussetzungen dazu sind gegeben.

Virus

Viren sind spezielle Computerprogramme, die an ein Wirtsprogramm (etwa ein Computerspiel) angefügt werden. Wenn dieses Wirtsprogramm gestartet wird, wird zuerst der Virusteil durchlaufen. Das Virusprogramm sucht dann ein anderes Programm auf dem Datenträger (meistens die Festplatte) und kopiert sich als erstes selbst zu diesem dazu, es infiziert es. Als zweites führt der Virus eine bestimmte Funktion aus. Beispielsweise prüft er, ob das Systemdatum Freitag, der 13. ist. Ist dies der Fall, löscht er alle Dateien auf der Festplatte, wenn nicht, wird das Wirtsprogramm ganz normal gestartet. Beliebige andere gefährliche, aber auch nützliche Funktionen sind denkbar. Solche Viren sind aus falschem Sportsgeist in

Umlauf gebracht worden. Spezielle Virenprüfprogramme können potentielle Wirtsprogramme auf Viren prüfen, bevor diese in ein Computersystem übernommen werden. Allerdings gilt dies nur für Viren, die bekannt sind, doch in aller Regel ist dies zusammen mit anderen Schutzmaßnahmen ausreichend. Aufgrund der zunehmenden Vernetzung nimmt die Übertragung solcher Viren zu. Wegen ihrer funktionalen Ähnlichkeit zu den biologischen Viren hat man ihnen diesen Namen gegeben.

Hacker

Hacker sind Netzteilnehmer, die Sicherheitslücken in Systemen ausnutzen, um über Datenleitungen in diese Systeme einzudringen. Ziele sind meist die Nutzung von Computer- und Datenübertragungskapazitäten, aber auch die Ausforschung von Informationen, seltener Zerstörung oder Manipulationen.

Paßwort und Zugriffsrechte

Das Paßwort ist ein geheimes Wort, das den Zugang (Passieren) zu bestimmten Ressourcen ermöglicht. Das Paßwort ist bis heute das wichtigste Mittel, um Zugriffsrechte einem Benutzer geschützt zuzuordnen. Da manche Benutzer ihre Paßwörter öffentlich machen, wird dieses Mittel oft unterlaufen. Auch einfache Paßwörter, wie Namen, sind mit automatischen „Knack"-Programmen, die mit digitalisierten Wörterbüchern gängige Paßwörter durchprobieren, zu brechen. Gute Paßwörter sind keine „normalen" Begriffe, die aber trotzdem leicht zu merken sind. Dies erfüllen beispielsweise selbstentworfene Abkürzungen wie etwa NINATA6, was für „Noch Ist Nicht Aller Tage Abend" steht. Die „6" entspricht der Anzahl der Wörter. Die Zugriffsrechte geben einem Benutzer bestimmte Rechte, auf Programme und Daten zuzugreifen und diese zu ändern. Je detaillierter die Rechte vergeben werden, desto besser ist die Schutzwirkung, aber desto aufwendiger ist auch die Rechtevergabe.

Sicherheit in Netzen

Netze erhöhen die Sicherheitsgefahr deutlich. Bei der Übertragung selbst gibt es einige Sicherheitsprobleme zu lösen. Dies sind vor allem:

▶ Schutz der Übertragung gegen Mitlesen und Manipulation durch Dritte und

▶ Authentizität des Senders und Empfängers, die Frage also, ob die beteiligten Personen auch wirklich die sind, für die sie sich ausgeben.

Technisch sind die Probleme dank leistungsfähiger kryptographischer Verfahren, d. h. Verschlüsselungen, weitgehend gelöst, allerdings müssen sie auch genutzt werden. Dazu ist eine internationale Standardisierung erforderlich. Es ist zu erwarten, daß der Druck des Marktes zumindest für einen baldigen De-facto-Standard sorgen wird. Sobald diese Aufgaben gelöst sind, kann auch das digitale Geld eingeführt werden. Wie bei Chipkarten wird das Geld dann nicht mehr auf Papier gedruckt, sondern steht digital zur Verfügung. Erst dann können Geschäfte im Internet auch direkt bezahlt werden.

1. Ein Schlüssel

   Für das Ver- und Entschlüsseln wird der gleiche Schlüssel benutzt. Der digitale Schlüssel übernimmt nicht primär die Aufgabe, den Zugang zu regeln, wie dies ein Paßwort oder ein Hausschlüssel tut, sondern er wird benutzt, um einen Inhalt zu kodieren, zu verschlüsseln. Ein einfaches und klassisches Verschlüsselungsverfahren ist die alphabetische Verschiebung der Buchstaben eines Textes. Aus „Hallo" wird durch Verschiebung um einen Buchstaben „Ibmmp". Bei vielen Teilnehmern muß der Schlüssel individuell variieren. Würden alle den gleichen Schlüssel verwenden, könnte man genauso gut darauf verzichten. Bei verschiedenen Schlüsseln je Teilnehmer gibt es ein entscheidendes Problem: Wie wird der Schlüssel zwischen zwei Partnern übermittelt?

2. Zwei Schlüssel

Bei zwei Schlüsseln A und B pro Person entschlüsselt der eine Schlüssel jeweils das, was der andere verschlüsselt hat. Wird etwas mit A verschlüsselt, dann kann es mit B entschlüsselt werden und umgekehrt. Einer der Schlüssel (etwa A) wird in einem Schlüsselbuch (analog zum Telefonbuch) öffentlich gemacht, der andere (B) bleibt geheim und ist nur dem Inhaber bekannt. Will ich jemandem eine geheime Nachricht schicken, dann verschlüssele ich diese mit seinem (!) öffentlichen Schlüssel A. Nur der Empfänger kann dann mit seinem geheimen, nur ihm bekannten, Schlüssel B die Nachricht lesen.

Umgekehrt kann eine digitale Unterschrift realisiert werden. Wer ein digitales Dokument unterschreiben will, der verschlüsselt die Nachricht mit seinem geheimen Schlüssel B. Nur mit seinem öffentlich bekannten Schlüssel A kann die Nachricht wieder in Klarzeichen umgewandelt werden. Es muß also die Nachricht von dem verschlüsselt worden sein, der den Schlüssel B besitzt, folglich ist sie von diesem „unterschrieben".

Fehler und Betrug

Größter Gefahrenherd für Daten ist die Fehlbedienung durch berechtigte Personen. Mal eben wichtige Dateien gelöscht, falsche Daten eingegeben (- statt + bei einer Buchung) oder die falsche Einstellung von medizinischen Geräten (Strahlendosis 100 statt 1,00) sind schneller passiert, als man denkt. Einfache, aber wirkungsvolle Abhilfen sind Backup (Sicherung der Daten auf ein anderes Medium in Intervallen), das 4-Augen-Prinzip und Plausibilitätskontrollen.

Absichtliche Verstöße sind in der Regel Betrugsfälle, zunehmend auch Industriespionage, selten Sabotage. Der klassische Fall ist der Angestellte, auch leitend, der bei Firmenwechsel die Kundendatei mitnimmt, um gezielte Abwerbeversuche zu starten. Digitale Speicherung von Daten macht diesen „Mitnahmeeffekt" sehr einfach, fehlende Schutzmaßnahmen öffnen ihm Tür und Tor.

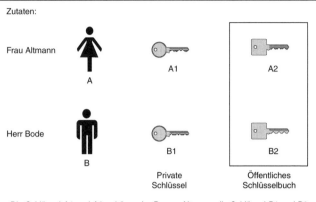

Zutaten:

Frau Altmann — A

A1

A2

Herr Bode — B

B1

B2

Private Schlüssel

Öffentliches Schlüsselbuch

„Die Schlüssel A1 und A2 gehören der Person Altmann, die Schlüssel B1 und B2 der Person Bode. Auf die privaten Schlüssel A1 und B1 haben nur die jeweiligen Besitzer Zugriff, auf die Schlüssel A2 und B2 jeder Teilnehmer. A1 ist der Gegenschlüssel zu A2, B1 zu B2, d. h. was der eine Schlüssel verschlüsselt, kann mit dem jeweiligen Gegenschlüssel entschlüsselt werden."

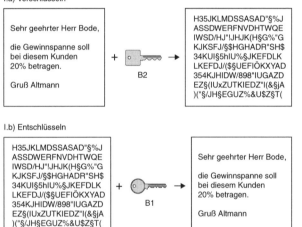

I.a) Verschlüsseln

Sehr geehrter Herr Bode,

die Gewinnspanne soll bei diesem Kunden 20% betragen.

Gruß Altmann

+ B2 →

H35JKLMDSSASAD"§%J
ASSDWERFNVDHTWQE
IWSD/HJ"!JHJK(H§G%"G
KJKSFJ/§$HGHADR"SH$
34KUI§5hIU%§JKEFDLK
LKEFDJ/($$UEFIÖKXYAD
354KJHIDW/898"IUGAZD
EZ§(IUxZUTKIEDZ"I(&§jA
)("§/JH§EGUZ%&U$Z§T(

I.b) Entschlüsseln

H35JKLMDSSASAD"§%J
ASSDWERFNVDHTWQE
IWSD/HJ"!JHJK(H§G%"G
KJKSFJ/§$HGHADR"SH$
34KUI§5hIU%§JKEFDLK
LKEFDJ/($$UEFIÖKXYAD
354KJHIDW/898"IUGAZD
EZ§(IUxZUTKIEDZ"I(&§jA
)("§/JH§EGUZ%&U$Z§T(

+ B1 →

Sehr geehrter Herr Bode,

die Gewinnspanne soll bei diesem Kunden 20% betragen.

Gruß Altmann

„Frau Altmann verschlüsselt mit dem öffentlichen Schlüssel B2 eine Nachricht. Die Nachricht ist jetzt geheim und Altmann schickt diese an Bode. Bode kann die Nachricht mit dem privaten Gegenschlüssel B1, den nur Bode hat, entschlüsseln und lesen."

Grundprinzipien der Verschlüsselung

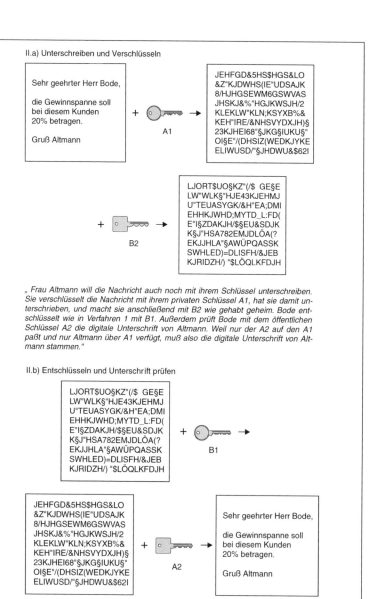

II.a) Unterschreiben und Verschlüsseln

Sehr geehrter Herr Bode,

die Gewinnspanne soll bei diesem Kunden 20% betragen.

Gruß Altmann

+ A1 →

JEHFGD&5HS$HGS&LO
&Z"KJDWHS(IE"UDSAJK
8/HJHGSEWM6GSWVAS
JHSKJ&%"HGJKWSJH/2
KLEKLW"KLN;KSYXB%&
KEH"IRE/&NHSVYDXJH)§
23KJHEI68"§JKG§IUKU§"
OI§E"/(DHSIZ(WEDKJYKE
ELIWUSD/"§JHDWU&$62I

+ B2 →

LJORT$UO§KZ"(/$ GE§E
LW"WLK§"HJE43KJEHMJ
U"TEUASYGK/&H"EA;DMI
EHHKJWHD;MYTD_L:FD(
E"I§ZDAKJH/$§EU&SDJK
K§J"HSA782EMJDLÖA(?
EKJJHLA"§AWÜPQASSK
SWHLED)=DLISFH/&JEB
KJRIDZH/) "$LÖQLKFDJH

„ Frau Altmann will die Nachricht auch noch mit ihrem Schlüssel unterschreiben. Sie verschlüsselt die Nachricht mit ihrem privaten Schlüssel A1, hat sie damit unterschrieben, und macht sie anschließend mit B2 wie gehabt geheim. Bode entschlüsselt wie in Verfahren 1 mit B1. Außerdem prüft Bode mit dem öffentlichen Schlüssel A2 die digitale Unterschrift von Altmann. Weil nur der A2 auf den A1 paßt und nur Altmann über A1 verfügt, muß also die digitale Unterschrift von Altmann stammen. "

II.b) Entschlüsseln und Unterschrift prüfen

LJORT$UO§KZ"(/$ GE§E
LW"WLK§"HJE43KJEHMJ
U"TEUASYGK/&H"EA;DMI
EHHKJWHD;MYTD_L:FD(
E"I§ZDAKJH/$§EU&SDJK
K§J"HSA782EMJDLÖA(?
EKJJHLA"§AWÜPQASSK
SWHLED)=DLISFH/&JEB
KJRIDZH/) "$LÖQLKFDJH

+ B1 →

JEHFGD&5HS$HGS&LO
&Z"KJDWHS(IE"UDSAJK
8/HJHGSEWM6GSWVAS
JHSKJ&%"HGJKWSJH/2
KLEKLW"KLN;KSYXB%&
KEH"IRE/&NHSVYDXJH)§
23KJHEI68"§JKG§IUKU§"
OI§E"/(DHSIZ(WEDKJYKE
ELIWUSD/"§JHDWU&$62I

+ A2 →

Sehr geehrter Herr Bode,

die Gewinnspanne soll bei diesem Kunden 20% betragen.

Gruß Altmann

Grundprinzipien der Verschlüsselung (Fortsetzung)

Zuverlässigkeit

Wer glaubt, daß Computer nie einen Fehler machen, macht selbst schon den ersten. Computer werden von Menschen gebaut und von Menschen eingesetzt. Software hat im Durchschnitt selbst nach intensiven Tests je tausend Programmierzeilen zwei Fehler: einen, den man im Laufe des Einsatzes findet, und einen, den man nie findet. Wenn Fehler nicht 100 %ig zu vermeiden sind, dann sollte ihre Zahl zumindest niedrig gehalten werden. Es folgen einige Regeln, die man beachten sollte und die nicht nur für die Entwicklung von Software gelten, sondern für jeden Entwicklungsprozeß.

► Qualifiziertes Personal

Die besten Mitarbeiter sind für die Software-Entwicklung gerade gut genug. Software-Entwicklung lebt von den Menschen.

► Eingespielter Software-Entwicklungsprozeß

Es ist weniger wichtig, welche Entwicklungsmethoden benutzt werden; entscheidend ist, daß das Team den Prozeß beherrscht.

► Unterstützung statt Bürokratie

Software-Entwicklung kommt ohne Bürokratie nicht aus. Ein leistungsfähiges Dokumentationswesen unterstützt den Entwicklungsprozeß aktiv, ein umfassendes Formularwesen würgt ihn ab.

► Management als Dienstleistung

Nicht die Software-Entwickler sind für das Management da, sondern das Management für die Entwickler. Führende Software-Unternehmen wie Microsoft oder SAP verschaffen ihren Entwicklern die nötigen Freiräume und sorgen für ein kreatives Klima. Kein Wunder, haben die Eigentümer und Vorstände dieser Unternehmen doch selbst fleißig programmiert. Gutes Entwicklungsmanagement ist unsichtbar.

▶ Standards nutzen

Standards sind stabil und ausgereift. Ihre Nutzung minimiert die Zahl möglicher Fehler.

▶ Angemessene Qualitätssicherung

Eine Steuerung für ein Flugzeug muß gründlicher entwickelt werden als eine Adhoc-Auswertung. Je kritischer die Einsatzumgebung, desto wichtiger ist die Qualitätssicherung.

▶ Schnittstellen nicht mißbrauchen

Eine Software nur für das nutzen, für das sie gebaut wurde. Da Schnittstellen oft technisch etwas ermöglichen, für das sie sachlich ungeeignet sind, kann der Zweck geändert werden, ohne daß scheinbar die Software verändert werden muß. Gezielte Wiederverwendung reduziert Kosten, eine Falschverwendung kann erhebliche Kosten verursachen.

▶ Software lebt

80 % der Kosten für Software entstehen erst im Einsatz. Ändert sich die Umgebung, muß auch die Software angepaßt werden. Flexible Schnittstellen erleichtern diese Anpassung.

▶ Die Summe ist mehr als ihre Teile

Software besteht aus vielen Modulen. Das Zusammenspiel der Module ist sehr komplex und Quelle eigener Fehler. Wirksamste Gegenmittel sind eine kooperative Teamkultur und ein gutes Systemdesign.

▶ Rückkopplung

Ständige Rückkopplung innerhalb der Teams, aber auch mit Lieferanten und Kunden, sichert nicht nur die Qualität, sondern erhöht auch den Nutzen.

Recht

Das Informationszeitalter strapaziert die Leistungsfähigkeit der Rechtssysteme durch Globalisierung, Digitalisierung und einem beständig schnellen Wandel im besonderen Maße. Nachfolgend eine kurze Skizze der auftretenden Probleme.

Internationalisierung

Das Internet ist international. Das Strafrecht bewertet und bestraft beispielsweise Pornographie in jedem Land unterschiedlich. Nach welchem Recht soll sie bewertet werden, wann ist sie überhaupt strafbar? Welches Gericht ist zuständig? Wer soll bestraft werden: der Hersteller, der Transporteur oder der Nutzer?

Bisher befand sich das Internet praktisch im rechtsfreien Raum. Keine zentrale Instanz hat die Vorgänge im Netz kontrolliert, sondern die Teilnehmer selbst kontrollieren sich gegenseitig. Dazu haben sie gewisse Regeln entwickelt und bei Verstoß auch geahndet. Beliebte Strafe ist die Überhäufung eines Delinquenten mit vielen tausend E-Mails. Statt der zentralen Instanz Staat oder einer Zentrale im Orwellschen Sinne, üben alle Beteiligten die (dezentrale) Kontrolle aus. Mit der Kommerzialisierung wird versucht, die nationalstaatlichen Regelungen dem Netz einzupflanzen. Ob sich das nationalstaatliche Konzept des 19. Jahrhunderts mit den Formen des 21. Jahrhunderts verträgt, ist eine noch unbeantwortete Frage. Es besteht die Gefahr, daß beide Seiten verlieren werden, wenn sie aufeinandertreffen.

Digitalisierung

Die Entmaterialisierung führt zu dem Problem, daß Rechte nicht mehr „dingfest" gemacht werden können. Beispiel Urheberrecht: Die Kopie ist genauso gut wie das Original und leicht herzustellen. Wer schützt die Rechte des Urhebers? Vor allem aber sind Werke nicht mehr einfach einem Urheber zuzuordnen, wenn beispielsweise

Software-Agenten aus verschiedenen Informationen eine eigenständige individuelle Zeitung zusammenstellen. Wer ist der Urheber, wer ist verantwortlich, wer haftet?

Grundregel für Verträge

Konzentrieren Sie sich in Verträgen nicht auf die Technik, sondern auf die betrieblichen Ziele. Die Technik ist in einem zu starken Wandel begriffen. Verträge müssen unter dem Motto „Was soll vereinbart werden?" stehen. Erst in einem Ausführungsteil kann man dann die technische Realisierung beschreiben und vereinbaren. Trennen Sie also das „Was" und das „Wie". (Beispiel: „Ständige Verfügbarkeit der Eingangspost ohne Medienbrüche" (Was), „10 Scanner XZ 14 mit Schnittstelle zur Dokumentenverwaltung Dokucenter" (Wie).

Zusammenfassung

▷ Ständige Verkleinerung und Modularisierung von Hard- und Software.

▷ Statt interner Ablaufsteuerung die zappende Steuerung durch den Benutzer.

▷ Mikroprozessor setzt den Programmablauf in die Hardware um.

▷ Speicher und Leitung: Je schneller, desto teurer. Deshalb Speicher- bzw. Leitungshierarchien.

▷ Software in Schichten nach den Prinzip Leistungserbringer-Leistungsnutzer organisiert.

▷ Paketvermittlung statt Leitungsvermittlung trennt Kommunikation und Leitung. Folge: Flexibilität und erhöhte Leitungsnutzung.

- Online-Anbieter verfügen über eigenes Informationsangebot. Provider sorgen allein für den Dienstzugang.

- Das Internet ist Basis für die weltweite Vernetzung der Computer.

- Das World Wide Web integriert die verschiedenen Kommunikationsarten.

- Im Internet wird der Unterschied zwischen großen und kleinen Unternehmen aufgehoben.

- Sicherheit ist das Mittel aus Möglichkeiten, Notwendigkeiten und Kosten.

- Das Paßwort ist das wichtigste Sicherheitsmittel.

- Technische und menschliche Fehler sind das größte Sicherheitsrisiko.

- Rechtsprobleme ergeben sich durch die Internationalisierung und die Entmaterialisierung.

- Grundregel bei Verträgen: „Was" getrennt vom „Wie" vereinbaren.

4. Unternehmensorganisation

Kundenorientierung und die Folgen

Die Organisation von Unternehmen wechselt von der Produktorientierung hin zur Kundenorientierung. Das zentrale Ziel von der Produktion in großen Stückzahlen wird abgelöst durch den Dienst am Kunden. Zugleich dreht sich das Rad im internationalen Wettbewerb immer schneller, Innovationen werden in immer kürzerer Zeit geschaffen und umgesetzt. Unternehmensführungen müssen immer mehr in Software denken. Nicht nur die Produkte werden immer softwarehaltiger. Auch in den Produktionsmaschinen steckt immer mehr Software. Entscheidend ist aber, die Software des Unternehmens (seine Organisation) von der Hardware (seinen Ressourcen) zu abstrahieren und flexibel zu gestalten.

Komplexität erzwingt Dezentralisierung

Der Zeitdruck und die Orientierung nach außen zu den Kunden bringen eine wachsende Komplexität und größere Vielfalt mit sich, wodurch die Bearbeitung nicht mehr allein zentral erfolgen kann, da die Zentrale sonst überlastet würde. Die Notwendigkeit zur Dezentralisierung der Verantwortung ergibt sich zwingend, was zur Folge hat, daß auch die Produktivität nicht mehr zentral (etwa durch einen höheren Arbeitstakt) gesteuert werden kann, sondern nur noch lokal als Summe vieler Einzelmaßnahmen. Wer sich am Kunden orientiert, muß zudem auf wechselnde Anforderungen reagieren können. Um die Qualität zu halten und Kosten zu senken, ist die Konzentration auf einen Kernbereich eine logische Folge. Weil niemand alles weiß und niemand alles anbieten kann, müssen zur Bedarfserfüllung die Leistungen anderer Mitarbeiter oder anderer Unternehmen genutzt werden.

Leistungssteigerung im Netzwerk

Ist die Arbeit und die zugehörige Verantwortung dezentralisiert, verteilt, bzw. muß mit anderen Unternehmen kooperiert werden, dann müssen diese einzelnen Bereiche miteinander kommunizieren, Informationen austauschen. Ebenso ist die Steigerung der Leistungsfähigkeit und Produktivität erst in der Kooperation über die lokale Optimierung hinaus möglich. Der Kommunikationsbedarf ist deshalb nicht mehr eindimensional in der Linie nach oben organisiert, sondern in einem breiten Netzwerk. Die Unternehmensabläufe sind nicht mehr als Zuarbeiter einer Führungsspitze organisiert, vielmehr muß die Führung dafür sorgen, daß sich die Prozesse des Unternehmens optimal entfalten können. Dieses Netzwerk erfordert ein umfassendes Informations- und Kommunikationsmanagement. Die Information selbst wird zum Geschäftsfaktor.

Geschäftsprozesse statt Arbeitstakt

Die Organisation konzentriert sich nicht mehr auf das Produkt, sondern auf den gesamten Geschäftsablauf. Im Mittelpunkt steht nicht mehr die Hardware, sondern die Software des Unternehmens. Das Unternehmen wird in Geschäftsprozessen organisiert. Diese Prozesse werden zunehmend mittels Computersystemen gesteuert und unterstützt. Sie sorgen dafür, daß die richtige Information zum richtigen Zeitpunkt am richtigen Ort ist. Nicht die Produkte und Menschen sollen in Bewegung sein, sondern die Information. Henry Ford hatte die Idee, daß durch das Fließband die Arbeit zu den Arbeitern kommt. Dieser Grundgedanke bleibt nicht nur erhalten, sondern wird sogar weiter ausgebaut. In den Computerprogrammen werden Arbeitsabläufe gewissermaßen bis zum letzten Bit vorstrukturiert. Der entscheidende Unterschied zu Henry Fords Fließband ist die Trennung des Fließbandes vom Arbeiter. Die Ressourcen, d. h. die Bearbeiter und die Materialien, sind nicht auf eine bestimmte Position fixiert, sondern werden nur bei Bedarf herangezogen.

Als typische Mittel stehen derzeit Geschäftsprozeßsysteme (Work-flow-Systeme) für die formalisierten Abläufe zur Verfügung und Workgroup-Software für die nicht formalisierten Abläufe. Die Geschäftsprozesse sind nicht auf die internen Abläufe eines Unternehmens beschränkt, sondern erstrecken sich grundsätzlich auf alle Beziehungen nach dem Kunden-Lieferanten-Modell. Die Globalisierung von Märkten geht also einher mit der Globalisierung der Unternehmensorganisation, d. h. die Abläufe überwinden die Grenzen der Abteilungen und verbinden sich unternehmensübergreifend mit den Geschäftsprozessen von Kunden und Lieferanten. In der Informatik hat dieses Modell seine Entsprechung im Server-Client-Prinzip. Statt eines großen Zentralcomputers mit vielen angeschlossenen Arbeitsstationen übernehmen Server-Computer bestimmte Aufgaben, die von den Klienten-Computern in Anspruch genommen werden können. Ggf. kann ein Server seine Dienste gegen Bezahlung anbieten. Durch das Internet werden die firmeninternen Server-Client-Netzwerke in ein globales Netzwerk eingebunden.

Kommunikation ohne Informationsverlust

Zunehmende Kommunikation bedeutet steigende Transaktionskosten. Durch die digitale Kommunikation und eine zunehmende Standardisierung und Automatisierung dieser Kommunikation (Stichwort EDIFACT) ist es erst möglich, eine vernetzte Kommunikation zu vertretbaren Kosten zu verwirklichen. Eine weitere Kostensenkung ist durch die Vermeidung von Medienbrüchen möglich. Deshalb gehen Unternehmen z. B. dazu über, in Papierform eingehende Informationen auf digitale Speicher zu übernehmen und nur diese Form im Unternehmen weiterzuverwenden. Die eigentlich sinnvolle Lösung ist natürlich die Kommunikation zu den Kunden und Lieferanten ohne Brüche digital aufzubauen und in die internen Kommunikationsabläufe einzubinden. Dann kann man nicht nur Medienbrüche vermeiden, sondern, was noch wichtiger ist, die Struktur der Information (Adresse, Bestellung etc.) übernehmen, die sonst verlorengeht. Strukturierte Information ist für die automatische Bearbeitung wesentlich besser geeignet. Computerprogramme erkennen den Sinn der Information wesentlich leichter an der Struktur, als an den Inhalten. Netze ohne Brüche schaffen Kommunikation ohne Verluste.

Electronic Data Interchange For Administration Commerce Transport (EDIFACT)

Der Datenaustausch von Bestellungen, Rechnungen oder Preisangeboten ist unternehmens-, branchen- und grenzüberschreitend nur dann möglich, wenn weltweit ein Standard gilt. Unter Führung der UNO ist mit EDIFACT ein solcher Standard entwickelt worden und in ständiger Weiterentwicklung begriffen. Aufgrund des Anpassungsaufwands setzt sich dieser Standard nur langsam durch. Mangels Alternative kommt aber auf lange Sicht niemand an EDIFACT vorbei. Würde jedes Unternehmen für den Datenaustausch mit Kunden oder Lieferanten ein eigenes Verfahren entwickeln, würden die Kosten für alle Beteiligten ins Astronomische explodieren. Ein einziger Standard ist langfristig am billigsten.

Von EDIFACT spricht man, wenn man den konkreten Standard meint, von EDI, wenn man vom elektronischen Datenaustausch im allgemeinen spricht. EDI gilt als leistungsfähiges Instrument zur Kostenreduzierung, insbesondere da die Flexibilisierung in der Wirtschaft mehr Datenaustausch erforderlich macht. Werden Standards vermieden, müssen die in der Verwaltung eingesparten Kosten in der Technik wieder ausgegeben werden.

Erläuterung von EDIFACT

Markt oder Plan

Marktwirtschaft basiert auf Kommunikation

Dank sinkender Transaktionskosten setzen sich die Prinzipien der Marktwirtschaft im Großen wie im Kleinen auf allen Ebenen durch. Mehr Marktwirtschaft führt zu mehr Wechselwirkungen zwischen den Marktteilnehmern, es entstehen immer neue Möglichkeiten. Diese Ausdifferenzierung führt zu einer immer größeren Komplexität. Die Zunahme an Komplexität zwingt zur Dezentralisierung, einem „Mitschwimmen im Meer der Moleküle". Eine

Zentrale wäre bei wachsender Komplexität mit einer exponentiellen Zunahme der Steuerungsanforderungen konfrontiert und überfordert. Aus der Dezentralisierung folgen wiederum neue Möglichkeiten, marktwirtschaftliche Prinzipien walten zu lassen. Das marktwirtschaftliche System generiert sich aus sich selbst heraus. Es hat die Kennzeichen von nichtlinearen Systemen, in denen sich selbstähnliche offene Strukturen herausbilden. Wer teilhaben will, muß aktiv Prozesse anstoßen und schnell auf Veränderungen reagieren. Dazu muß er über ein leistungsfähiges Informations- und Kommunikationsmanagement verfügen, denn das Modell der Marktwirtschaft basiert strukturell auf Information und Kommunikation. Die Koordination ist in marktwirtschaftlichen Strukturen eine zentrale Notwendigkeit.

Plan	Markt
Produktionsorientiert	Kundenorientiert
Stückzahl	Schnelligkeit
Zentral	Dezentral
Monolithische Einheit	Wechselspiel von Mit- und Gegeneinander
Unternehmensvorschriften	Marktstandards
Führung organisiert Inhalt	Führung organisiert Kontext
Interne Planwirtschaft	Marktwirtschaft auch im Kleinen

Markt oder Plan

Die Methode der Transaktionskosten liefert einen guten Anhaltswert, wann marktorientiertes Verhalten sinnvoll ist und wann man besser eine interne Organisation einrichtet. Auch die innerbetriebliche Organisation, das Verhältnis von Zentrale zu den anderen Unternehmenseinheiten, kann sich an den Transaktionskosten orientieren. Wenn die Zentrale nur noch mit wachsender Bürokratie den Informationsfluß aufrechterhalten kann, dann ist es Zeit für eine marktorientierte Umorganisation, etwa in Profit-Center, durch Outsourcing oder die Gründung von Tochterunternehmen.

Warum gibt es überhaupt Unternehmen? Warum wird z. B. eine Stelle mit einem Arbeitnehmer besetzt, statt die Leistung jedesmal über den Markt abzurufen?

Die Nutzung des Preismechanismus kostet Geld. Ein Unternehmen muß Informationen einholen, vergleichen und Verträge abschließen. Es muß mit dem Leistungserbringer einen organisatorischen Rahmen einrichten und ihn auf die spezifischen Belange schulen. Ein ökonomischer Leistungsaustausch „Ware gegen Preis" birgt jedesmal Transaktionskosten. Deshalb kann es billiger sein, eine Position nur alle paar Jahre über die Personalabteilung zu besetzen oder langfristige Lieferverträge abzuschließen, als jedesmal aufs neue über den Markt zu gehen.

Die Idee der Transaktionskosten von Ronald Coase

Umgekehrt kann eine Einheit auch zu klein sein. Jede Einheit hat selbst Overheadkosten, so daß das Verhältnis der Kosten zur Wertschöpfung nicht optimal ist. Folglich dürfen Prozeßketten aufgrund der Kosten für Transaktionen und dem Prozeß-Overhead nicht beliebig lang werden. Die Bildung von Gruppen zur Lösung von Aufgaben ist neben dem menschlichen Wunsch nach sozialer Gruppenbildung auch aus Gründen kurzer Kommunikationswege und kurzer Prozeßketten geboten. Der Vorteil von Prozeßteams, wie sie in Michael Hammers und James Champys Buch *Business Reengineering* vorgeschlagen werden, liegt in den niedrigen Transaktionskosten, dem „kurzen Dienstweg". Im Extremfall erledigt ein einziger Generalist die Arbeit von mehreren Spezialisten und macht viele Transaktionen überflüssig.

Die Grenze dieser Generalisierung wird durch die Leistung, die Qualität, gezogen. Höhere Leistung erzwingt auf Dauer Spezialisierung, sowohl im Kleinen (Fachkraft) als auch im Großen (Kernkompetenz-Unternehmen). Ziel von Unternehmensorganisationen muß es sein, die Kosten möglichst niedrig zu halten und die Leistung trotzdem ständig zu steigern. Markt oder Plan – keine Frage der Ideologie, sondern schlicht von Kosten und Leistung.

Digitale Märkte

Wenn durch die Dezentralisierung einzelne Betriebseinheiten im Sinne eines Profit-Centers wie ein Unternehmen im Unternehmen geführt werden, ggf. sogar in eine eigenständige Rechtsform überführt werden, können sie auch Aufträge nicht nur vom Mutterkonzern, sondern frei im Markt annehmen. So wird aus der betriebsinternen Planwirtschaft eine marktorientierte Ausgestaltung der Unternehmensstruktur. Dies geht so weit, daß man innerhalb eines Unternehmens bestimmte Ressourcen über interne Märkte zur Verfügung stellt.

Banken müssen ihr Risiko über das Eigenkapital haftend abdecken. Deshalb wird den einzelnen Abteilungen jährlich ein bestimmter Anteil am Eigenkapital zur Abdeckung der Risiken zur Verfügung gestellt. Eine Abteilungen könnte jetzt über einen internen digitalen Markt anderen Abteilungen bei Nichtbedarf Eigenkapital zur Verfügung stellen oder bei Mehrbedarf von diesen kaufen. Statt einer komplizierten Steuerung über das Berichtswesen kann der digitale Markt dies einfach und optimierend übernehmen. Ähnlich wie Aktien würde das Eigenkapital als digitales Wertpapier zum Kauf und Verkauf bankintern zur Verfügung stehen. Die sich herausbildenden Preise können in die Kalkulation von Angeboten eingerechnet werden.

Interner digitaler Markt – ein Beispiel

Die Märkte haben mit den digitalen Informations- und Kommunikationsmitteln preiswerte und schnelle Möglichkeiten zum Austausch von Information erhalten. Der Gebrauchtwagen-Handel kann digitale Börsen einrichten, Finanzdienste und Reiseunternehmen können Online-Buchungen anbieten, Transporteure Statusberichte über die Ware jederzeit abrufen lassen oder der Versandhandel und Home-Dienste (wie Pizza- oder Blumenservice) den Verkauf vollständig digital abwickeln. Für reine Informationsangebote wie etwa Zeitungen und Zeitschriften ist die digitale Präsenz geradezu Pflicht. Von digitalen Märkten spricht man, wenn sich Angebot und Nachfrage durch Computer mittels Telekommunikation treffen. Sie können räumlich („Globalisierung") und zeitlich („24-Stunden") eine hohe

Präsenz erreichen und darüber hinaus die Markttransparenz steigern. Der Computer schafft „gläserne Kunden", die Netzwerke „gläserne Märkte".

Vor allem schaffen die technischen Möglichkeiten erst die notwendige Senkung der Transaktionskosten, die den Vorteilen einer Dezentralisierung (Markt statt Plan) gegenüber denen einer Zentralisierung (niedrige Transaktionskosten) den Vorrang verschaffen. Die zunehmende Komplexität erzwingt eine Dezentralisierung und die Technik ermöglicht sie, was zu neuer Vielfalt und damit wachsender Komplexität führt. Die Sache erfüllt sich selbst.

Organisation in Front- und Backcompany

Im Industriezeitalter wurde die Arbeit um das Produkt herum organisiert. Fachabteilungen waren zuständig für die einzelnen Tätigkeiten des Entwickelns (Entwicklungsabteilung), Herstellens (Produktionsabteilung) und Verkaufens (Marketing und Vertrieb) der Produkte. Jede mit dem Produkt verbundene Aufgabe wurde entsprechend zergliedert. Jede Gliederung wurde wiederum unterteilt. In der Produktionsabteilung war für jeden Arbeitsschritt, in der Vertriebsabteilung für jede Region eine Unterabteilung zuständig. Die Steuerung des Betriebes erfolgte zentral durch die Geschäftsführung. Die Gesellschaft formierte sich um diese Produktionsstätten herum. Menschen kamen in Städten zusammen, um an zentralen Orten die Produktion durchzuführen.

Unternehmen im Informationszeitalter trennen ihre Organisation in zwei große Bereiche: die Frontcompany und die Backcompany. Die Backcompany ist zuständig für die Basics, die Routinearbeiten. In der Frontcompany erfolgt die Zusammenarbeit mit den Kunden. Diese Aufteilung erinnert an die Organisation eines Menschen: Essen und Atmen sind die Basics des Lebens, Arbeit und Freizeit die Erfüllung von Bedürfnissen.

Frontcompany

In der Frontcompany, zuständig für die Beziehung zum Kunden, organisieren sich Unternehmen in Kundenprojekten mit „persönlichen Kundenberatern" um die Kunden herum. Dieses Prinzip „one face to the customer" muß nicht immer die Gestalt einer bestimmte Person annehmen. Im Telefonbanking wechseln schichtbedingt und ressourcenoptimierend zwar die Ansprechpartner, aber nie die Telefonnummer. Technisch wird die Frontcompany von Workgroup-Systemen unterstützt. Diese Workgroup-Systeme unterstützen und koordinieren Teams durch Funktionen für E-Mail, Terminkalender, digitale Konferenzen und schwarze Bretter.

Backcompany

Die Backcompany, zuständig für die Abwicklung, ist für den Kunden unsichtbar, eine „black box". Die Backcompany ist aufgabenbezogen in Geschäftsprozessen organisiert. Statt von der Kundenorientierung müßte deshalb eigentlich von der Kunden- und Aufgabenorientierung gesprochen werden: Nach außen kundenorientiert, nach innen aufgabenorientiert. Die Backcompany stützt sich auf sogenannte Workflow-Systeme. In einem Workflow-System wird für jede Aufgabe der Ablauf programmiert – der Arbeitsfluß. Das System kann dann jedem Bearbeiter die notwendigen Informationen zum richtigen Zeitpunkt zur Verfügung stellen. Die Koordination wird vom Workflow-System übernommen. Soweit möglich können Routineaufgaben vom System selbst erledigt werden. Dreh- und Angelpunkt in der Backcompany ist die Information. Alle Objekte eines Unternehmens werden als Information abgebildet und so Bestandteil der Dokumentation. Die Backcompany organisiert sich um die Dokumentation herum, die dadurch zum Zentrum, zur tragenden Säule, der Backcompany wird. Das ist mehr als eine enzyklopädische Sammlung, es ist eine Organisationsform.

Bereich	Frontcompany	Backcompany
Funktion	Kundenservice	Produktion, Abwicklung
Rückgrat	Kunde	Dokument
Ausrichtung an	Auftrag	Aufgabe
Durchführung mittels	Projekt	Geschäftsprozeß
Herstellung von	Diensten	Produkten
Organisation für	Marketing, Service	Produktion, Vertrieb
Kontakt zu	Kunden	Lieferanten
Bedarfsschwerpunkt	Kommunikation	Information
Werkzeuge	Workgroup	Workflow
Verantwortung für	Ergebnis	Budget
Orientierung an	Qualität	Geschwindigkeit
Im Mittelpunkt	Menschen	Systeme
Psychische Struktur	Emotional	Rational
Blickrichtung	nach außen	nach innen
Ziel	hoher Umsatz	Kosten senken
Gemessen in	Leistung	Verbrauch
Organisiert als	Profit-Center	Cost-Center

Front- und Backcompany

Die Frontcompany orientiert sich an Menschen, an den Kunden und Mitarbeitern. Die Zufriedenheit der Kunden mit der Leistung der Mitarbeiter ist der Maßstab für den Erfolg der Frontcompany. In der Backcompany ist das Ziel eine perfekte Leistung zu möglichst geringen Kosten zu erreichen. Kostensenkung ist die Nabelschau des Unternehmens und gehört deshalb nicht an die Nahtstelle zum Kunden. In der Backcompany verbergen sich die Unternehmensroutinen, die Basics, die ein Unternehmen hochprofessionell beherrschen muß.

Front- und Backcompany können auch als getrennte Unternehmen arbeiten, die eine als Marketinginstrument im Meer des Wettbewerbes, die andere als virtuelles Unternehmen aus verschiedenen Modulen bedarfsgerecht zusammengesetzt. Ziel ist es, kundennah zu agieren und Ressourcen optimierend einzusetzen. Beide Ziele benötigen netzartige statt lineare Strukturen. Dies hat ein hohes Maß an Koordinationsaufwand zur Folge, der durch verschiedene Work-Software unterstützt wird. Koordination der Prozesse und Ressourcen ist der Leitgedanke dieser Software-Art.

Front- und Backcompany sind die den Prozessen übergeordneten Organisationen. Die Zuordnung der Ressourcen ist durch diese gedachte, virtuelle Organisation nicht festgelegt. Mitarbeiter können fest in nur einem der beiden Bereiche arbeiten. Nicht alle Mitarbeiter sind an teamorientierter Arbeitsweise interessiert. Sie wollen lieber in der Backcompany Aufgaben abarbeiten. Dies ist keine Frage des Intelligenzquotienten, sondern der persönlichen Arbeitsweise. Die Zugehörigkeit kann aber auch ständig wechseln. Telefonempfang (Frontcompany) und Schreibdienst (Backcompany) können von verschiedenen Mitarbeitern geleistet werden, aber, besonders bei kleinen Unternehmen, auch von derselben Person. Front- und Backcompany sind eine Orientierungshilfe für die Organisation des Unternehmens, nicht für die Verteilung der Ressourcen.

Virtuelle Unternehmen: Teile und verdiene

Unternehmen kann man entweder in Einzelteile auftrennen oder zusammenfügen. Die zur Verfügung stehenden Mittel, um ein Unternehmen aufzuteilen, reichen vom Profit-Center bis zur Holdingstruktur. Umgekehrt schließen sich Unternehmen auf strategischer Ebene zu Allianzen zusammen, auf taktischer Ebene zu Konsortien oder Genossenschaften. Das virtuelle Unternehmen ist ein Zusammenschluß auf operativer Ebene.

Der Idee des virtuellen Unternehmens liegt die Zusammenfügung von operativen Einheiten verschiedener Unternehmen zu einem neuen Unternehmen zugrunde. Dabei verlassen die operativen Einheiten nicht ihre angestammte Einbindung, d. h., das neue Unternehmen existiert nur virtuell. Das virtuelle Unternehmen verfügt über eine eigenständige und unabhängige Strategie und Disposition. Es agiert, als wären die operativen Einheiten Teil des Unternehmens. Der Begriff des virtuellen Unternehmens wurde dem Prinzip der virtuellen Speichertechnik entlehnt.

Ebene	Trennen	Zusammenfügen
Strategische Ebene	Holding	Allianz
Taktische Ebene	Franchising	Konsortium
Operative Ebene	Profit-Center	Virtuelles Unternehmen

Aufteilung und Kombination von Unternehmensorganisationen

Ihre besondere Stärke entwickeln virtuelle Unternehmen aufgrund ihrer schnellen Realisierungsmöglichkeit bei befristeten Projekten. Soll ein neues Produkt entwickelt und vertrieben oder ein bestimmter Kundenkreis erreicht werden, so kann man sich auf ein virtuelles Unternehmen einigen, das schnell in den Wettbewerb geschickt wird. Im Sinne von Frontcompany und Backcompany kann das virtuelle Unternehmen beide Aufgaben übernehmen.

Die virtuelle Frontcompany definiert sich über den Absatzmarkt, agiert ganz vorne beim Kunden. Im Extremfall wird es auf einen einzigen Kunden maßgeschneidert. Virtuelle Unternehmen können so ein starkes Instrument des Marketing sein. Konzernintern ist diese Methode seit langem üblich. Handelshäuser wie Otto oder Quelle leiten nicht nur eigenständige Marken (Beispiel „Privileg") über ein und dieselbe operative Schiene, sondern auch verschiedene Unternehmen. Gewissermaßen werden nur Katalog und Briefkopf ausgewechselt. Konzerne, die über alle operativen Instrumente verfügen, sind dabei auf operative Zusammenschlüsse mit anderen Unternehmen nicht angewiesen. Sie können virtuelle Unternehmen gewissermaßen aus dem Fundus ihrer Unternehmensbereiche zusammenbauen.

Als Backcompany vergrößert ein virtuelles Unternehmen die operative Basis. Mit der immer stärkeren Konzentration auf Kernkompetenzen sind virtuelle Unternehmen ein weitergedachtes Profit-Center. Ein Unternehmen muß nicht selbst über alle notwendigen Einheiten verfügen. Virtuelle Unternehmen stellen die Unternehmensteile nach Bedarf zusammen, unabhängig von ihrer Herkunft; sie sind das Gegenteil von Outsourcing. Mit Outsourcing will man die Abgabe von nicht zur Kernkompetenz gehörenden Unternehmensteilen erwirken und die Kosten senken. Virtuelle Unternehmen dagegen erweitern und intensivieren diese verbliebene Kernkompetenz. Was Workflow im Kleinen ist, das ist das virtuelle Unternehmen im Großen: die Optimierung des Ressourceneinsatzes.

Kernkompetenz-Unternehmen	Virtuelles Unternehmen
Konzentration auf Kernkompetenz	Kompetenzerweiterung
Kunden-Lieferanten-Hierarchie	Unternehmensnetzwerk
Profit-Center	Teamstruktur
Niedrige Fertigungstiefe	Reintegration der Fertigungstiefe
Optimieren der Kompetenz	Lernen von anderen
Konzentration auf den Inhalt (Text)	Umfeld des Unternehmens strukturieren (Kontext)
Wechselnde Lieferanten	Langfristige Bindung von Kunden und/oder Lieferanten
Kundenorientierung	Integration der Kunden und/oder Lieferanten
Organisation an Kunden ausrichten	Äußeren Anforderungen eine innere Struktur geben
Abtrennen	Miteinander teilen
Konzentrieren	Integrieren

Kernkompetenz- und virtuelles Unternehmen

Die Konzentration auf Kernkompetenzen macht im nächsten Schritt virtuelle Unternehmen notwendig.

Nach innen werden Unternehmen in Teams statt in Hierarchien organisiert, Kernkompetenzen ausgebildet und Informationsbeziehungen so eingerichtet, daß die Information ohne Umwege dorthin kommt, wo sie hin muß. In Teamstrukturen kann das Prinzip kurzer Prozeßketten besser als in hierarchischen Strukturen umgesetzt werden. Virtuelle Unternehmen setzen diese Organisationsweise im Großen zwischen Unternehmen fort. Statt Kunden-Lieferanten-Hierarchien mit hohen Transaktionskosten aufzubauen, werden die beteiligten Unternehmen zu einem Team, einem eigenen Unternehmen, zusammengefaßt. Die einstige Zerlegung der Fertigungstiefe wird virtuell reintegriert. Informationen müssen dann nicht mehr zeitraubend über die Lieferantenkette durchgereicht werden, sondern können direkt an den Endempfänger gegeben werden. Dies ist das Prinzip des „kurzen Dienstweges" zwischen Unternehmen. Schließlich kann die eigene Kernkompetenz nicht nur durch die Addition der Unternehmen erweitert werden, sondern auch durch Lernen von anderen. Die Struktur des virtuellen Unternehmens findet sich so auf verschiedenen Stufen immer wieder. Dies wird auch als Selbstähnlichkeit bezeichnet.

Vorteile:

▶ Optimierung des Ressourceneinsatzes, geringer Kapitalbedarf

▶ Individualisierung: „Time to Market" sehr kurz, leistungsfähiges Marketinginstrument, maßgeschneidertes Unternehmen.

▶ Globalisierung: Vergrößerung der operativen Basis, Erhöhung der Reichweite (Regionen, Projekte, Produkte)

Nachteile:

▶ Keine gewachsenen Sozialstrukturen, hohe Integrationskraft der Mitarbeiter erforderlich

▶ hohe Transaktionskosten bei fehlenden Schnittstellen, komplexe Zusammenarbeit

▶ Rechtliche Gestaltung aufwendig (Haftung, Urheberrecht, Kartellrecht)

Vor- und Nachteile virtueller Unternehmen

Virtuelle Unternehmen sind noch mehr als Konzerne auf funktionierende Informations- und Kommunikationsstrukturen angewiesen. Die beteiligten Unternehmen müssen allgemein übliche Standards realisiert haben, sonst sind die Transaktionskosten an den Schnittstellen zwischen den Unternehmen zu hoch. Als schwierig kann sich auch die rechtliche Seite herausstellen: Kartellrechliche, urheberrechtliche und haftungsrechtliche Fragen sind bei virtuellen Unternehmen problematisch. Auch sollte ein Verfahren zur Auflösung des virtuellen Unternehmens von Anfang an vorgesehen sein. Der bedeutendste Nachteil von virtuellen Unternehmen dürfte aber sein, daß diese über keine gewachsenen soziale Strukturen verfügen. Doch durch ebendiese Konzentration auf Kernkompetenzen sind die Unternehmen zur Zusammenarbeit geradezu verdammt. Sie stehen im Wettbewerb zueinander und doch brauchen sie sich auch. Erfolg hat, wer dieses Spannungsfeld nicht nur aushält, sondern auch nutzen kann.

Dazugehören:
Die Integration der Kunden

Der Prosumer

Alvin Toffler beschreibt in seinem 1980 erschienenen, heute noch lesenswerten, Buch *Die dritte Welle – Zukunftschance* den Prosumer. Die Trennung von Produzent und Konsument, von Angebot und Nachfrage, hat laut Toffler die Marktwirtschaft geschaffen. In der dritten Welle, der Informationsgesellschaft, werden Produzent und Konsument zum Prosumer wieder vereint. Maßfertigung statt Massenfertigung und Heimarbeit statt Pendeln sind die Eckpfeiler dieser Entwicklung.

Die Kundenorientierung verlangt eine intensive Zusammenarbeit mit den Kunden. Doch dies ist personalintensiv und folglich teuer. Ein Ausweg ist die Selbstbedienung. Statt der Auftragserfassung im Unternehmen wird der Auftrag vom Kunden erfaßt und mittels Telekommunikation übertragen. Statt an einem Kassenschalter bedient sich der Bankkunde am Geldautomaten. Neben dem Gang zum Arzt schließt sich der Prosumer einer Selbsthilfegruppe an. Der Kunde, so Toffler, wird sein eigener Dienstleister, sein eigener Produzent. Der Nachteil der Selbstbedienung ist die geringe Bindung an das Unternehmen.

Individuelles Marketing

Im Massenmarkt werden Kunden über Massenmedien für Massenprodukte in möglichst großer Zahl geworben. 1 : 1-Marketing, so Don Peppers und Martha Rogers in ihrem Buch *Strategien für ein individuelles Kundenmarketing,* sucht dagegen den direkten Dialog mit dem einzelnen Kunden. Besonders die Stammkunden, die nach dem Pareto-Prinzip 20 % der Kundschaft ausmachen, aber 80 % des Umsatzes, sind Ziel des Kundenmarketing. Sie zu identifizieren und mit ihnen in einen Dialog zu treten, ist die zentrale Aufgabe dieser Strategie. Vielfliegerprogramme, Clubkarten, Homeservice, Couponrabatte und Maßanfertigung sind Ansätze für die Pflege der Stammkunden. Die Konzentration auf Stammkunden lohnt sich, denn die Kosten für die Gewinnung eines Neukunden sind fünfmal höher als für die Pflege eines Stammkunden. Zudem sind die Jahresumsätze bei Stammkunden um so höher, je älter die Geschäftsbeziehung ist. Zu guter Letzt ist Akquisition immer mit dem Risiko behaftet, daß der gewünschte Vorteil nicht eintritt.

Massenmarketing	Individualmarketing
Marktanteile	Kundenanteile
ein Produkt an viele Kunden verkaufen	viele Produkte an einen Kunden verkaufen
Mit Lieferanten zusammenarbeiten	Mit Kunden zusammenarbeiten
Produkte differenzieren	Kunden differenzieren
Produkte managen	Kunden managen
Kunden an die Produkte heranführen	die Produkte zum Kunden bringen
Hauptprodukte	Stammkunden
Globalisierung	Individualisierung

Individuelles Kundenmarketing nach Don Peppers und Martha Rogers

Der Kunde erobert das Unternehmen

„Verkauf ab Werk" oder der Verkauf über das Internet überbrückt den Handel. Der Kunde übernimmt den Vertrieb gewissermaßen selbst. In auftragsorientierten Produktionen befindet sich der Kunde nicht am Ende der Kette Entwicklung-Produktion-Vertrieb-Kunde, sondern er wird in die Produktion integriert. Statt für ein Lager wird für einen Kunden produziert. Das spart Lagerkosten und minimiert das Risiko am Markt vorbeizuproduzieren. Die auftragsorientierte Produktion verlangt von Unternehmen auf allen Ebenen, von den Arbeitszeiten bis zu Rüstzeiten, maximale Flexibilität. Noch einen Schritt weiter gehen Unternehmen, die die Kunden bereits in die Entwicklung integrieren, indem sie diese das Produkt definieren lassen. Das Software-Haus SAP hat einen Großteil seiner Software aufgrund von Kundenvorschlägen entwickelt. Dies erfordert intensive Kommunikation, die Fähigkeit zuhören zu können. Schritt für Schritt erobern die Kunden das Unternehmen.

Unternehmensbereich	der Mitarbeiter „Kunde"	Beispiel
Akquisition	Kunde wirbt Kunden	ADAC-Mitglieder-werbung
Entwicklung	Kundendefinierte Produkte	SAP R/3
Produktion	Auftragsorientierung	Mettler-Toledo
Marketing	Pull-Marketing	Netscape
Vertrieb	Verkauf durch Kunden	Tupperware

Kundenintegration in Unternehmen

Der integrierte Kunde

Stellen Sie sich ein Fotolabor vor. Das Labor entwickelt angelieferte Filme und stellt sie zu. Es bearbeitet selbstverständlich alle Film-typen. Selbst in Spitzenzeiten liefert das Labor die Bilder prompt zurück. Kulanz ist selbstverständlich, die Preise sind niedrig, die Qualität hoch und die Bedienung freundlich. Der Kunde ist zufrieden. Was kann sich ein Kunde Besseres wünschen? Nun stellen Sie sich ein anderes Fotolabor vor; dieses Labor veranstaltet Fotokurse für seine Kunden. Die lokale Volkshochschule kann für ihre Foto-kurse die Firmenräume nutzen. Mit dem örtlichen Kulturverein werden regelmäßig Fotoausstellungen veranstaltet. Mal stellen bekannte Fotografen aus, mal schicken Kunden ihre besten Fotos ein. Es wird ein Wettbewerb veranstaltet. Die Mitarbeiter sind selbst fotobegeistert. Im Verkaufsraum werden nicht nur Filme, sondern auch Fotoapparate, Zubehör und Bücher über Fotografie angeboten. Die digitale Fotografie ist ein Topthema und wird heiß diskutiert. Mit einem Reisebüro organisiert das Labor Fotosafaris. Der Mensch ist glücklich. Er gehört dazu.

Zusammenfassung

▶ Kundenorientierung statt Produktorientierung.

▶ Komplexität erzwingt Dezentralisierung. Andernfalls wird eine Zentrale zum Nadelöhr.

▶ Dezentralisierung fordert Koordinierung.

▶ Fehlende zentrale Steuerung macht Geschäftsprozesse statt Arbeitstakt nötig.

▶ Sinkende Transaktionskosten ermöglichen mehr Markt statt Plan zur Koordinierung.

▶ Das Modell der Marktwirtschaft basiert strukturell auf Information und Kommunikation.

▶ Digitale Märkte machen Ressourcen flexibel verfügbar.

▶ Virtuelle Aufteilung in Frontcompany und Backcompany.

▶ Dokumentation ist Organisation.

▶ Frontcompany ist kundenorientiert, in der Backcompany finden sich die Basics.

▶ Virtuelle Unternehmen erweitern reale Unternehmen und flexibilisieren den Einsatz der Ressourcen.

▶ Individuelles Kundenmarketing zielt auf den Stammkunden.

▶ Die Kunden erobern die Unternehmen.

▶ Unternehmen machen Kunden zu ihren Mitarbeitern. Die Kunden gehören dazu.

5. Wissensmanagement

Wer Information als Produktionsfaktor ernst nimmt (Information als Input), wer Wissen als Umsatzträger erkennt (Information als Output), wer den engen Kontakt zum Kunden als wichtigstes Kapital des Unternehmens begreift, der muß auch für ein leistungsfähiges Management von Information und Kommunikation sorgen. Bedenkt man, daß über die Hälfte der Arbeitszeit im Büro für die Bearbeitung von Dokumenten aufgewendet wird, von denen mindestens drei Viertel in Papierform (im Schnitt fünfmal kopiert!) vorliegen, und die meiste Zeit mit dem Suchen von Informationen verbracht wird, dann wird die Forderung nach einem leistungsfähigen Wissensmanagement verständlich. Damit wird eine deutliche Reduktion der Nebenarbeiten und eine Konzentration auf die Wertschöpfung angestrebt.

Information bereitstellen, auswählen und nutzen sind die Aufgaben des Informationsmanagements. In der Literatur wird unter Informationsmanagement manchmal das Management der Informationstechnik verstanden. Diese Aufgabenbeschreibung des Informatik-Leiters ist hier nicht fokussiert. Informationsmanagement ist vielmehr der persönliche (im Kleinen) und organisierte (im Großen) Umgang mit Information, unabhängig vom Träger und der technischen Realisierung.

Information wird aber nur dann zum Umsatzfaktor, wenn sie auch kommuniziert wird. Leistungsfähige Kommunikationsbeziehungen nach innen und außen sind deshalb als Teil des Wissensmanagement die Ziele des Kommunikationsmanagement. Auf dieser Grundlage baut das Prozeßmanagement auf, denn die klassischen hierarchischen Entscheidungs- und Bearbeitungswege sind in einem Unternehmensnetz nicht mehr vorhanden. Ein Kundenwunsch oder veränderte Bedingungen können neue Anforderungen, neue Innovationen, nach sich ziehen. Hinzu kommt, daß die Kundenorientierung, die Orientierung weg vom Produkt hin zum Kunden, die Gefahr birgt, daß die Innovation am Produkt vernachlässigt wird. Dies macht ein Innovationsmanagement notwendig.

Die Technik soll aber nicht Selbstzweck sein, sondern eine Hilfe. Die Menschen müssen für sich und ihren Betrieb aus den Möglichkeiten etwas machen. Die Technik macht schnelle Entscheidungen möglich, fällen müssen sie die Menschen selbst; die Technik kann Innovationen unterstützen, entwickeln müssen sie die Menschen selbst.

Stufe	Mittel	Beispiel
Innovation		Nie mehr Staatsschulden
Lernen	Kreativität	Prozeß
Entscheidung, Intuition	Kommunikation	Debatte im Deutschen Bundestag über Schuldenabbau
Motiv, Ziel	Information	Deutsche Staatsschulden 1995
Bedeutung, Metadaten	Daten	2 Billionen DM
Form, Code	Träger	Papier

Die Stufen des Wissensmanagements

Dokumentation

Daten sammeln

Neben der Buchhaltung verfügt ein Unternehmen über zahlreiche andere Datensammlungen, die man grob unter dem Stichwort „Dokumentation" einordnen kann. Typischerweise sind solche Dokumentationen lästige Anhängsel der Unternehmensabläufe. In einem informationsorientierten Unternehmen stellt die Dokumentation das organisatorische Rückgrat dar. Die alten funktionalen Hierarchien verschwinden, die Dokumentation repräsentiert die neue Organisationsstruktur. Im Internet ist dies heute schon Realität. Mittels des Intranet, des innerbetrieblichen Internet, werden diese Strukturen in gleicher Weise innerhalb von Unternehmen aufgebaut. Weitere Bemühungen in diese Richtung sind die Organisation der Unternehmen entlang des Informations- und Dokumentenflusses (den Geschäftsprozessen) und die dokumentenorientierte Qualitätssicherung nach ISO 9000. Grundsatz der Datenerfassung ist, daß die Erfassung dort erfolgt, wo die Daten anfallen. Grundsatz ist die Sammlung der Daten ohne Medienbrüche, d. h. „All in One".

Daten informativ strukturieren

Immer mehr Daten werden produziert. Folge: eine Datenflut, aber zugleich ein Informationsmangel. „Information ist, was verstanden ist" (Carl Friedrich von Weizsäcker). Aus Daten wird erst durch das Erkennen deren Bedeutung durch den Menschen Information. Wir haben also keine Informationsflut, sondern eine Datenflut, die durch die begrenzte Aufnahmefähigkeit des Menschen in einen Informationsmangel mündet und zu Datenmüll zu mutieren droht. Deshalb ist der größte Fehler, Daten nur zu sammeln, sie müssen auch ständig „informativ" aufbereitet werden, müssen „leben". Datenbanken sind klassische Mittel, um Daten strukturiert zu sammeln. Darauf aufbauend können Daten verdichtet und geordnet werden. Dann kann auch die Verarbeitungsmenge des Menschen gesteigert werden. Ein Wesensunterschied zwischen Computer und Mensch ist es, daß der Computer große Datenmengen speichern und bearbeiten kann, zu den menschlichen Stärken hingegen zählt die qualitative Beurteilung und die Fähigkeit zur Abstraktion. Grundsatz der Strukturierung ist ein orthogonaler Strukturaufbau, d. h. die Verwendung gleichbleibender Strukturierungselemente, die die automatische Bearbeitung erleichtern und individuelle Strukturierungen und Informationsselektion ermöglichen.

Ein technisches Problem besteht darin, daß das operative Bearbeiten von Daten und die Auswertung von Information unterschiedliche (Daten-) Strukturen benötigen. Während etwa die Auftragserfassung kurze, aber viele Bearbeitungsschritte (bezogen auf einzelne Kunden) erfordert, müssen über die Auswertung aller Kundenaufträge („Wer kauft was wann wie oft") sämtliche Daten in einem großen Lauf aggregiert werden. Lange Zeit hat man tagsüber operativ gearbeitet und dafür auch die Strukturen ausgerichtet, während nachts die Auswertungen durchgeführt wurden. Da hat es nicht gestört, wenn wegen der für Auswertungen ungeeigneten Strukturen die Systeme mehrere Stunden blockiert waren. Inzwischen sind die Nächte aber „zu kurz" oder Unternehmen müssen einen operativen 24-Stunden-Service aufrechterhalten. Zwei Lösungen bieten sich an, die – sich ergänzend – umgesetzt werden. Zum einen kann man die bestehenden Strukturen flexibilisieren, sie für beide Verarbeitungsarten geeignet machen. Zum anderen wird parallelisiert, d. h. die benötigten operativen Daten werden in eine zweite Analyse-Datenbank kopiert, aufbereitet und dort ausgewertet. Letzteres ist das Prinzip von Online Analytical Processing (OLAP) oder dem Data Warehouse.

Information

Information individuell auswählen

Das sogenannte Retrieval aus der Datenbank ist das Standardverfahren für die Selektion von Daten. Beispielsweise erhält man zu einer Kundennummer aus der Datenbank alle kundenbezogenen Daten. Einen Schritt weiter gehen Verfahren des Data Mining. Dabei suchen Spezialprogramme in Datenbeständen nach interessanten Zusammenhängen, etwa welche Kundentypen zu welchen Zeiten was kaufen. Diese Verfahren sind besonders zum Finden von Klassifikationen und Regeln geeignet. Andere Programme, die „Suchmaschinen", suchen selbständig in großen Datenmengen nach bestimmten Begriffen und zeigen die Fundstellen an. Kernziel ist es, daß die Information, die man gerade braucht, ohne großes Suchen gefunden wird. Je besser Information vorstrukturiert ist, desto leichter ist dies möglich. Ein Buch wird beispielsweise auch in Kapitel und Unterkapitel unterteilt, eine Adresse wird sinnvollerweise nicht an einem Stück abgespeichert, sondern in Vorname, Name, Straße, Postleitzahl und Ort unterteilt. Grundsatz der Informationswahl ist das Optimum von Vollständigkeit und Genauigkeit zu finden, d. h. „soviel wie nötig, sowenig wie möglich".

Information nutzen

In der Nutzung von informationellen und materiellen Gütern besteht ein grundlegender Unterschied: materielle Güter verlieren durch ihren Gebrauch an Wert, informationelle Güter dagegen werden durch Gebrauch wertvoller. Dies bedeutet nicht notwendigerweise einen quantitativen Gebrauch von Information. Ein Firmengeheimnis wird nicht durch häufiges „Ausplaudern" wertvoller, sondern durch gezieltes Weitertragen der vertraulichen Information zu gegebener Zeit.

Zeit spielt häufig eine ausschlaggebende Rolle für den Nutzen von Information. „Nichts ist so alt wie die Zeitung von gestern." Informationen, die nicht fortgeschrieben werden, die sich nicht verändern, können zu Datenmüll verkommen. Die Daten selbst können bei mangelnder Pflege unbrauchbar werden, weil niemand mehr technologisch veraltete Datenträger lesen kann. Auf jeder Stufe des Wissensmanagement ist Zeit ein wichtiges Managementelement.

Als problematisch gilt die Bewertung von Kosten und Preis für Information. Dies macht es auch so schwierig, Information wie materielle Ware zu handeln. Allerdings zeigt die Erfahrung, daß bei auf Papier festgehaltener Information, wie beispielsweise Büchern oder Zeitungen, oder auch bei Auskunfteien und Maklern, eine Preisbildung sehr wohl möglich ist. Es ist wohl weniger ein grundsätzliches Problem, als vielmehr ein Mangel an der Vorstellungskraft, daß Information ein Gut ist, dem passende Strukturen und Instrumente fehlen.

Erfassen

▶ Stapel: ungeordnetes Sammeln

▶ Protokollieren: Buchhaltung, Logbuch, Tagebuch, Gesprächsprotokoll, Notiz

▶ Registrieren: Inventur, Registratur

▶ Codieren: Ziffern, Zeichen, Farbe, Form

Ordnen

▶ Indizieren: Numerieren (z. B. Kundennummer), Sortieren (z. B. Alphabet, Datum), Wortindex

▶ Qualifizieren: Bewerten (z. B. wichtig, eilig), begutachten

Aufbau

▶ Hierarchien: z. B. Kapitel-Unterkapitel, Schichten, Klassifikation

▶ Kategorien: Bausteine, Schubladen, Gruppenbildung

Vernetzung

▶ Liste: Nach einem Index geordnet hintereinander aufführen.

▶ Verweis: Von einer Information auf eine andere verweisen.

▶ Verknüpfung: Verschiedene Informationen zu einer verbinden.

▶ Mehrdimensionale Tabelle: Zugleich z. B. Region, Zeit, Leistungserbringer und Leistungsnutzer tabellarisch darstellen.

▶ Multimedia: Nutzung verschiedener Darstellungsformen.

Transferieren

▶ Multipräsentation: Verschiedene Darstellungen eines Inhaltes, etwa Text als Diagramm.

▶ Spiegelwelten: Darstellung von Sachverhalten als virtuelle Welt.

▶ Wechsel der Ebenen: Form und Inhalt werden unmittelbar verbunden, z. B. der Ort einer Information mit deren Inhalt oder ein Bild mit einer Erinnerung.

Ablauf

▶ Ein Dokument in zeitlicher Abfolge, z. B. die Anleitung für einen Bausatz.

▶ Interaktion

Strukturierung von Wissen

Suchen

▶ Abfrage: Suchanfrage aufgrund bestimmten Kriterien (z. B. Kundennummer). Dies kann z. B. die Abfrage einer Datenbank sein, aber auch eine Volltextsuche.

▶ Fragen: Immer beliebter auf der Infobahn: Man stellt in auf das betreffende Thema spezialisierten Gruppen seine Frage und erhält von verschiedenen Leuten, die das Problem kennen, eine Antwort. Das kann man auch in einem Unternehmen machen. Je größer das Unternehmen, desto mehr Know-how ist vorhanden – und liegt brach.

▶ Browsing: „Herumstöbern"

Auswählen

▶ Filter: Information nach bestimmten Kriterien unterscheiden, etwa in „eilig", „normal", „unerwünscht". Allgemein: „gewünscht", „nicht benötigt".

▶ Auszeichnen: „Lesezeichen"

▶ Vereinfachen: beispielsweise die Entfernungsangabe 1 Km statt 1004,16 m

▶ Konzentrieren, zusammenfassen, referieren; Beispiel: Bilanz.

▶ Löschen, vernichten

Automatisieren

▶ Software-Agent: Ein Programm, das selbständig Aufgaben aufgrund bestimmter Kriterien erledigt. Dies kann auch die Suche nach Information sein. Zudem lernt ein Software-Agent durch seine Benutzung dazu und paßt sich an die Benutzerwünsche an.

▶ Workflow: Eine Aufgabe, etwa Bestellung, kümmert sich „eigenständig" um ihre Erledigung. Dazu versorgt das Workflow-Programm die Sachbearbeitung mit den nötigen Informationen.

▶ Navigatoren: führen zu gesuchten Informationen.

Verstehen

▶ Erweitern: das eigene Wissen um das Neue ergänzen und vertiefen.

▶ Kreation: aus vorhandener Information eine neue machen.

▶ Weitergeben: lernen, schulen, trainieren, beraten

Strukturierung von Wissen (Fortsetzung)

Kommunikation

Die Kommunikationsflüsse können grundsätzlich nach standardisierter und nicht standardisierter Kommunikation unterschieden werden. Ein Standard für die Kommunikation zwischen Unternehmen ist EDIFACT. Strukturierte Daten, wie Bestellungen oder Rechnungen, werden dabei zwischen den Unternehmen weitgehend automatisch übertragen und verarbeitet. Die Automatisierung dieser Kommunikation kann so weit gehen, daß von der Erstellung der Daten über die Übertragung bis zur Verarbeitung kein menschliches Personal eingreifen muß. Stellt beispielsweise ein System fest, daß der Lagerbestand einen bestimmten Wert unterschritten hat, kann es eine Nachbestellung veranlassen und versenden. Auf der anderen Seite wird die Bestellung durchgeführt und die Rechnung rückgesendet. Workflow-Systeme organisieren diese Arbeit. Sie sind das moderne, das virtuelle Fließband. In Workflow-Systemen wird die Arbeit im Extremfall bis in alle Einzelteile zerlegt und vollständig automatisiert.

Nicht alle Kommunikationsprozesse lassen sich standardisieren, ja es ist geradezu ein Kennzeichen von Kommunikation, daß sie ständig den Ausbruch aus der Konvention, dem Überlieferten, provoziert. Die beständige Veränderung der Sprache ist ein deutlicher Ausdruck dieses ständigen Umbruchs. Nur auf nicht standardisierten Kommunikationskanälen können wirklich neue Informationen in ein Unternehmen kommen.

Wenn sich etwas schon nicht in eine funktionale Enge sperren läßt – lassen darf – dann kann man wenigstens versuchen, es zu unterstützen. Zu diesem Zweck sind sogenannte Workgroup-Programme entwickelt worden. Über Computer können mit solchen Systemen mehrere Personen gleichzeitig (Telekonferenz) oder zeitlich unabhängig (E-Mail) kommunizieren oder gemeinsam an einem Dokument arbeiten. Die Besprechungsprotokollierung bzw. Versionsverwaltung kann das Workgroup-Programm zusätzlich übernehmen.

Terminplanung, Schwarze Bretter und Software zum Projektmanagement sind weitere typische Aufgaben für Workgroup-Software.

Workflow	Workgroup
Information	Kommunikation
Strukturiert	Unstrukturiert
Automatisierung	Unterstützung
Aufgabe	Benutzer
Realisierung	Entscheidung
Geschäftsprozeß	Projektmanagement
Routinearbeit	Flexibilität, Spontaneität
Batch	Dialog
aufwendige Entwicklung	geringe Einführungskosten
Kosten für das System	Kosten bei der Benutzung
passive Benutzer	aktive Benutzer
push des Systems	pull der Benutzer
Arbeit wird geteilt	Arbeit wird zusammengefügt
Zentralistisch	Dezentral

Workflow und Workgroup

Mittelfristig werden Workflow- und Workgroup-Systeme mit dem
Dokumentationwesen zu einem Gesamtsystem vereint und bilden
den Wissensraum eines Unternehmens.

Das Verhältnis von Information und Kommunikation ist ähnlich wie
das Verhältnis von Daten zu Information. Erst aus Daten, die verstanden sind, wird sinnvolle Information. – Und nur wer diese Informa-
tion kommuniziert, kann aus der sinnvollen Information eine nützliche Information machen. Kommunikation ist der zentrale Wert-
schöpfungsprozeß von Information. Es genügt nicht, Informationen
zu gewinnen, sie muß auch vermittelt werden. Die Umsetzung dieser
Erkenntnis ist von fundamentaler wirtschaftlicher Bedeutung, wie

eine Zahl drastisch verdeutlicht: Schätzungen gehen davon aus, daß mindestens zwei Drittel von Forschungsaufwendungen durch Doppelarbeit oder Nichtverwertung verlorengehen. Der volkswirtschaftliche Schaden durch mangelnde Kommunikation geht in die Milliarden.

Interaktion ist eine Form erfolgreicher Kommunikation und ein Wesensmerkmal der Informationsgesellschaft. Statt Texte linear zu erzählen, können sie jetzt in der Interaktion mit dem Leser entwickelt werden. Der Leser wird selbst zum Mitautor, der Autor zum Moderator. Brüche sind beständige Begleiter interaktiver Kommunikation. Das schnelle Zappen zwischen verschiedenen Inhalten, das Zusammenfügen von Bruchstücken zu neuen Inhalten („Cut and Paste") oder der rasche Wechsel zwischen unterschiedlichen Kulturen kennzeichnen den Wechsel von den linearen Entwürfen der Industriegesellschaft zum vernetzten Handeln in der Informationsgesellschaft. Die Qualität wird daran zu messen sein, ob es gelingt, diese Bruchstücke miteinander in Beziehung zu setzen oder ob sie nur in einer Sammlung aufgereiht werden. Beispielsweise sind Software-Programme mit voluminösem Funktionsumfang oder große Software-Sammlungen auf CD beliebte Marketinginstrumente, die sich die Sammelleidenschaft zunutze machen. Auch können sie Menschen mit Sinn für das Detektivische begeistern. Ob sie aber in einem Unternehmen betriebswirtschaftlich vernünftig sind, kann zumindest bezweifelt werden. Was für die Software gilt, kann auch auf Informationssammlungen und andere Bereiche übertragen werden.

Teilnehmer	1 : 1	1:N	M:N
Typ	Zwischen zwei Personen	Einer an Viele	Jeder mit jedem
Beziehung	Individuell	Rundsendung	Marktplatz
Zugriff	on Connect	on Deliverly	on Demand

Kommunikationsbeziehungen (Darstellung angelehnt an Richard Dratva in Electronic Mall, herausgegeben von Beat Schmid)

Teilnehmer	1 : 1	1:N	M:N
Wie	Interaktion	Abonnement	Bibliothek
Wann	bei Verbindung	nach Erstellung	auf Abruf
Durch wen	Unmittelbar	Bringschuld	Holschuld
Beispiel	Gespräch	Zeitung, Rundfunk	Markt
Tele-Beispiel	E-Mail	News, Mail-List	Forum, Chat

Kommunikationsbeziehungen (Darstellung angelehnt an Richard Dratva in Electronic Mall, herausgegeben von Beat Schmid)

Telekommunikation kann menschliche Zwiesprache nicht beliebig ersetzen. Die vielfältige verbale und nonverbale Kommunikation ist ein entscheidendes Wesensmerkmal des Menschen und nicht nur Teil der Entfaltung seiner Persönlichkeit, sondern der gesamten Entwicklung der Menschheit. Telekommunikation kann diese Entfaltungsmöglichkeiten im Sinne einer Vereinsamung einschränken, sie kann sie aber auch erweitern und ergänzen. Zweifelsohne verändert sie durch die drastische Nivellierung von Hierarchien die Sozialstrukturen in einem Unternehmen. Zu vermuten ist, daß die Unternehmen, die bereits über gute Sozial- und Kommunikationsstrukturen verfügen, die Chancen der Telekommunikation nutzen können, während sich bei anderen Unternehmen eine schlechte Situation noch verschärft.

Direkte Konferenz	Tele-Konferenz
Direkt	Durch Computernetzwerk
Der Chef spricht	Gleichmäßige Gesprächsteilnahme aller
Ausgefeilte Rede	Aus dem Bauch reden
Eine Vision	Viele Ideen
Für schwierige Besprechungen	Für Abwicklungskommunikation

Konferenz ohne und mit Telekommunikation

Direkte Konferenz	Tele-Konferenz
Gefühl füreinander entwickeln	Blindes Vertrauen
Schüchterne Zuhörer	Unbeschwerte Teilnehmer
Ins Wort fallen	Jeder kann sich beliebig mitteilen
Soziale Kontrolle	„Flaming": Extreme Reaktionen und Beschimpfungen
Fragen zeigt Inkompetenz	„Wer weiß …?" ist Teil des Systems
Man denkt sich seinen Teil	Man sagt, was man denkt Soziale Strukturen

Konferenz ohne und mit Telekommunikation (Fortsetzung)

Prozeß

Entscheidung

Eine mitgeteilte Information nützt nur dann etwas, wenn sie auch eine Wirkung hat. Ein gutes Informationssystem nützt nichts, wenn es keine Entscheidungen nach sich zieht. Eine schlechte Auftragslage wird bei bester Information der Verantwortlichen nicht besser, wenn niemand Gegenmaßnahmen ergreift. Die Datenflut provoziert einen Informationsmangel, die Informationsflut einen Kommunikationsmangel und die Kommunikationsflut ein Handlungsdefizit. Deshalb ist der auf Information und Kommunikation folgende Organisationsschritt ein Entscheidungs- und Prozeßmanagement. Das Prozeßmanagement ist somit für den Erfolg von Kommunikation verantwortlich.

Schnelle Entscheidungen

Entscheidungen müssen im Informationszeitalter vor allem schnell getroffen werden. Dies setzt voraus, daß die Informationen schnell verfügbar sind, da die schnelle Entscheidung ansonsten zur wahllosen Entscheidung wird. Allerdings kann man durchaus einige falsche Entscheidungen in Kauf nehmen – Hauptsache, sie werden schnell getroffen – und diese im Bedarfsfall später korrigieren. Gutes Entscheidungsmanagement muß deshalb Entscheidungen auf der Basis einer Erfolgskontrolle korrigieren können – nach dem Prinzip Versuch und Irrtum. Entscheidungen basieren so neben der persönlichen Erfahrung und vielleicht auch Interessenslage auf Information und Kommunikation.

Vor Ort entscheiden

In hierarchischen Systemen wird Information von unten nach oben transportiert, oben wird eine Entscheidung getroffen, die dann wieder nach unten transportiert werden muß. In einem kundenorientierten Umfeld sind dies zu lange Wege mit zu großer Laufzeit und zu hohen Kosten. Entscheidung werden „vor Ort" getroffen. Dazu müssen die Entscheidungsträger über die notwendigen Informationen verfügen, ggf. andere in die Entscheidung einbinden und über ihre Entscheidung wieder andere, z. B. die Disponenten, informieren. Kommunikationswege sind nicht sternförmig angeordnet, sondern sie verlaufen kreuz und quer. Folge: Die Informations- und Kommunikationsstrukturen werden komplexer. Um gute Entscheidungen treffen zu können, müssen technisch und vor allem menschlich offene und leistungsfähige Kommunikationsstrukturen geschaffen werden. Gegen fehlende Dialogbereitschaft der Menschen hilft die beste Infrastruktur nichts.

Qualität durch eingespielten Entwicklungsprozeß

Zwangsläufig müssen Mitarbeiter in flachen Hierarchien, netzartigen Strukturen und größerer Kundennähe mehr Entscheidungsmöglichkeiten erhalten. Die Faustregel „lieber falsch als zu spät" gilt aber nicht für alle Entscheidungen. Entscheidungen mit großer Hebelwirkung müssen gesichert und geprüft werden. Dies gilt zum Beispiel für die Entwurfsphase bei Entwicklungen. Die Korrektur für Fehlentscheidungen in den frühen Phasen einer Entwicklung verursacht später gewaltige Kosten. Im Extremfall kann die Existenz eines Unternehmens etwa bei daraus resultierenden Schadensfällen gefährdet werden. Qualifiziertes Personal, ein eingespielter Entwicklungsprozeß und in die Entwicklung integrierte Tests und Simulationen reduzieren die Wahrscheinlichkeit für gefährliche Fehlentscheidungen deutlich. Die Einbeziehung des Umfeldes mit Produktion, Marketing, Kunden und Lieferanten erhöht die Qualität und den Markterfolg.

Die Art und Weise der Entscheidung ist nicht so bedeutend für die Entscheidung selbst, sondern für die folgende Realisierung. Wer mehr Aufwand in die Entscheidung steckt, wer möglichst viele an der Entscheidung teilhaben läßt, der verbessert die Chance, daß in der Umsetzung alle an einem Strang ziehen. Die Einbeziehung aller ermöglicht eine schnellere Realisierung, erhöht die Qualität und verbessert den Markterfolg. Ein Sprichwort weist auf die Gefahren dieser Integration hin: „Viele Köche verderben den Brei."

▶ Keine falsche Harmonie. Konsens dient nicht der Entscheidungsfindung, sondern der Realisierung. Ggf. Stimmenthaltung ausschließen. Getroffene Entscheidungen nicht nur vertreten, sondern auch „verkaufen".

▶ Querdenken institutionalisieren: ständige Gegenrede durch den „Teufelsanwalt", heterogene Gruppen, Alternativen in Untergruppen diskutieren lassen, externes Feedback integrieren, Simulationen durchführen.

▶ Direkte Beziehung von Entscheidungsgrund, -träger und -wissen aufbauen.

▶ Entscheidungen klassifizieren, z. B. in die Typen Routine (Backcompany) und Herausforderung (Frontcompany) einteilen. Eine weitere Gliederung kann nach Wichtigkeit oder Dringlichkeit erfolgen.

▶ Faktor Zeit: Zusammensetzung einer Gruppe auf Zeit, Entscheidungswirkung zeitlich begrenzen, Endtermin für die Entscheidungsfindung setzen, kurze Entscheidungswege installieren.

Entscheidungsmanagement

Realisierung

Eine Entscheidung ist erst der Anfang, nicht schon die Realisierung. Die Entscheidung setzt vielmehr einen Realisierungsprozeß in Gang. Die Meldung „Lagerbestand unterschritten" führt zur Entscheidung „Nachbestellung" oder „Angebote einholen", die den Prozeß „Bestellung" oder „Anfrage" auslöst. Ein Prozeß kann selbst wieder aus Teilprozessen bestehen; er kann in der zeitlichen Reihenfolge oder nach Aufgaben zergliedert werden, sich aufteilen und wieder zusammengeführt werden. Mehrere Prozesse können gleichzeitig durchgeführt werden und sich austauschen. Wahlweise arbeiten sie in ständiger Abstimmung, d. h. synchron, oder unabhängig voneinander, d. h. asynchron. Ein Prozeß kann sich häufig wiederholen, aber auch als Projekt nur einmal durchgeführt werden.

> ▶ Dokumente zu 100 % in digitaler Form.
>
> ▶ 3-D-Modelle statt Konstruktionszeichnungen.
>
> ▶ Der Betrieb des Flugzeuges wurde während der Entwicklung ständig in Simulatoren getestet.
>
> ▶ Die Produktion wurde in die Entwicklungsteams integriert (Design/Build Teams). „The essence of the design/build process is communication."
>
> ▶ Die vormals funktionale Ausrichtung wurde dahingehend geändert, daß jedes der 238 Teams einen Teil des Flugzeuges bearbeitete. Durch die digitale Dokumentation konnte sich ein Team über den aktuellen Zustand anderer Teile jederzeit informieren.
>
> ▶ Die Kunden wurden in die Entwicklung eingebunden. („Früher waren wir etwas arrogant. Heute hören wir besser zu.")
>
> ▶ Umfassende Vorsorge für die sozialen Belange der Mitarbeiter.
>
> ▶ Prinzip „Working Together"

Digitale Abbildung von Flugzeug und der Arbeitsprozesse bei der Entwicklung der Boeing 777

Der zentrale Unterschied zwischen der Funktionsorientierung und der Prozeßorientierung ist der Umgang mit Ressourcen. Bei der Funktionsorientierung wird für jede Aufgabe genau eine Ressource reserviert und eingesetzt. Prozeßorientierung setzt dagegen die Ressourcen nach Bedarf und Möglichkeiten ein. Ein Mitarbeiter ist nicht auf ein Produkt, auf einen Handgriff fixiert, sondern muß beweglich von Aufgabe zu Aufgabe springen. Ein Büro ist nicht für einen Mitarbeiter reserviert, sondern er nutzt bei Bedarf freie Kapazität. Finanzmittel werden nicht zugeteilt, sondern stehen nach Angebot und Nachfrage zur Verfügung. Funktionsorientierung lebt von einem hohen Einsatz je Ressource. Prozeßorientierung zieht seinen Vorteil aus der flexiblen Nutzung von Ressourcen.

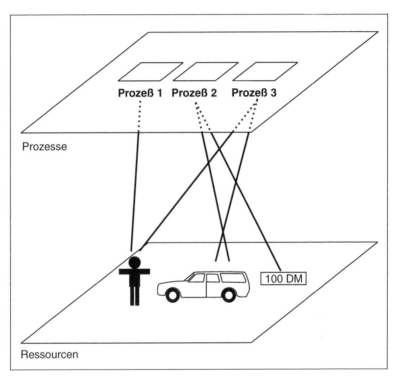

Die beiden Ebenen Prozeß und Ressource

Bei klassischer arbeitsteiliger Organisation ist ein Prozeß ständig einer Ressource zugeordnet. Die virtuelle Organisation trifft diese Zuordnung nach Bedarf.

Prozeßorientierung ist folglich mehr als nur die Organisation von Abläufen, die in der Fertigungsindustrie schon immer üblich waren und im Business Reengineering zum Prinzip für das ganze Unternehmen erhoben wird. Prozeßorientierung bedeutet ständigen Wechsel, die Trennung der festen Verbindung von Aufgabe und ihrem Träger. Wie schon bei der Digitalisierung der Medien wird zwischen Inhalt und Mittel, zwischen Prozeß und Ressource getrennt. Diese Trennung ist ein immer wiederkehrendes Muster im Informationszeitalter, das erneute Zusammenfügen die Aufgabe der Informationsgesellschaft.

Definition Ressource

Eine Quelle, die für ein Ziel eingesetzt werden kann (bzw. die sich für ein Ziel einsetzt).

Ressourcen sind

▶ die Elemente Materie, Energie und Information,

▶ die Mittel Sache (z. B. Produkt, Werkstoff, Computerprogramm), Arbeit und Kapital,

▶ die Träger Umwelt (z. B. Natur, Infrastruktur), Mensch und Wissen.

Eigenschaften von Ressourcen sind

▶ in Entwicklung, bestellt,

▶ existent, vorrätig, beschafft,

▶ im Eigentum,

▶ im Besitz,

▶ verfügbar,

▶ in Benutzung,

▶ verbraucht.

Definition Ressource

Definition Prozeß

Die Versorgung (Lagerung und Transport) mit Ressourcen (= Logistik) oder die Umformung (Erstellung und Verbrauch) von Ressourcen (= Entwicklung und Produktion).

Ein Prozeß hat virtuellen Charakter.

Strukturen für Prozesse sind

▶ die Elemente Zustände und Übergänge,

▶ die Mittel Objekte und Aktionen,

▶ die Träger Raum und Zeit.

Eigenschaften von Prozessen sind

▶ gestartet oder beendet,

▶ laufend oder ruhend (bereit oder blockiert),

▶ bereit (alle Ressourcen vorhanden) oder blockiert (Ressourcen fehlen),

▶ mit oder ohne Auftrag,

▶ synchron (Abstimmung) oder asynchron (unbeeinflußt voneinander),

▶ gesteuert oder autonom,

▶ nebeneinander oder nacheinander,

▶ aufgespalten („fork") oder zusammengeführt („join").

Definition Prozeß

Definition Koordination

Zusammenordnung, aufeinander abstimmen.

Ohne Verständigung ist jede Koordination unmöglich.

Koordination basiert auf

▶ den Elementen Zeichen und Sprache,

▶ den Mitteln Pläne (Rechte/Pflichten, Zuordnungen/Anweisungen) und Märkte (Angebot/Nachfrage, Kauf/Verkauf),

▶ den Trägern Verstehen und Vertrauen.

Definition Koordination

> **Definition Organisation**
>
> Die gezielte Koordination von Prozessen und Ressourcen.
>
> Die Zielorientierung unterscheidet die Organisation von dem artverwandtem Begriff Organismus.
>
> **Organisation beruht auf**
> - dem Element Ziel,
> - dem Mittel Koordination,
> - den Trägern Prozesse und Ressourcen.
>
> **Optimierend ist die Organisation, wenn**
> - die Prozeßleistung hoch ist (Effektivität) und
> - der Ressourcenverbrauch niedrig (Effizienz).

Definition Organisation

Bei der arbeitsteiligen Organisation müssen die verschiedenen Arbeitsschritte koordiniert werden. Die virtuelle Organisation trennt darüber hinaus Prozesse und Ressourcen. Eine Organisation ist nicht mehr durch Aufbau, Gehäuse oder Struktur definiert, sondern durch Mechanismen, Regeln und Verfahren. Organisation ist kein Instrument der Führung mehr, sondern dient der Erfüllung eines Ziels. Erst durch die Mechanismen ergeben sich bestimmte Strukturen, organisiert sich der Aufbau. Der Ablauf erfolgt nicht mehr innerhalb eines bestimmten Aufbaus, sondern er organisiert den Aufbau. Aus der Organisation wird eine Selbstorganisation, was bedeutet, daß sich die Organisation im Rahmen bestimmter, gegebener Möglichkeiten selbst entfaltet. Das Prinzip der Arbeitsteilung wird nicht aufgegeben. Arbeitsteilung bleibt für Prozesse und Ressourcen weiterhin eine treibende Kraft ihrer Organisation. Im Gegensatz zur herkömmlichen Organisation sind Prozesse und Ressourcen aber keine 1 : 1-Einheit mehr. Die Prozesse organisieren jetzt ihre Arbeitsteilung unabhängig von der Kernkompetenz einer Ressource. Es erfolgt eine kompetenzteilige Aufgliederung der Ressourcen, d. h. die nach verschiedenen Leistungen aufgeteilten Prozesse nutzen die Ressourcen nur noch bei Bedarf. Die Arbeitskette der Prozesse wird aus Sicht der Ressourcen ein Netzwerk. Die Informationsgesellschaft hat die

Arbeitsteilung nicht aufgegeben, sondern treibt sie weiter voran und baut sie aus. Aufgabe informationeller Unternehmen ist nicht die Überwindung der Arbeitsteilung, sondern ihre sinnvolle Koordination.

Die Eigenkräfte der Ressourcen nutzen

Ressourcen unterliegen neben den Unternehmensprozessen auch Eigen- und Fremdprozessen. Die Ernte eines Landwirtes ist nicht nur den bäuerlichen Prozessen unterworfen, sondern auch natürlichen, die unabhängig von der Organisation eines Bauernhofes sind. Genauso gilt diese Eigengesetzlichkeit bei sozialen Prozessen der Ressource Mensch. Diese Eigen- und Fremdprozesse wirken auf die Unternehmensprozesse zurück. Je stärker die Eigenprozesse sind, desto mehr stellt sich die Frage, ob die Ressourcen im Dienst der Prozesse oder die Prozesse im Dienst der Ressourcen stehen. In Fließband-Organisationen stellt sich die Frage, ob die Autonomiebestrebungen, die jedem Menschen, Organisation oder Organismus innewohnen, unterdrückt oder geduldet werden. Informationsunternehmen lösen das Problem durch Integration. Statt Autonomie zu unterdrücken, wird sie durch das Prinzip Dezentralisierung zur Grundlage der Organisation. Die Eigenkräfte werden nicht gebremst, sondern genutzt. Informelle Gruppenbildung wird nicht geduldet, sondern – etwa durch Workgroup-Systeme – sogar unterstützt. Das Ziel, die Ressourcenauslastung zu optimieren, wird durch Profit-Center umgesetzt. Durch die Trennung von Prozeß und Ressource löst sich auch der Zwang, Leistungszuwachs durch verstärkte Ressourcennutzung zu unterstützen, wie er sich bei fixierter Kopplung ergibt. Im Umweltbereich strebt man durch ökologische Verhaltensweisen und Nachhaltigkeit nach Zusammenarbeit mit der Umwelt statt nach Gegnerschaft. Die Entfaltung der Eigenkräfte von Ressourcen wird Bestandteil der Struktur und Motor des Unternehmens.

Koordination und Optimierung

Die Aufgaben des Prozeßmanagement sind in der Vorbereitung die Vereinbarung von Abläufen, das Design von Prozessen. In der Durchführung müssen die Prozeßabläufe kontrolliert und die Ressourcen zugeordnet werden. Bei mehreren Prozessen kann deren Koordination eine komplexe organisatorische Aufgabe sein. Nicht nur einzelne Abläufe müssen strukturiert, sondern auch ihr Zusammenwirken muß abgestimmt werden. Ein Optimierungsgrundsatz für räumliche Koordination kann das Prinzip „Häufige Wege sind kurze Wege" sein. Zeitliche Optimierung wird im Simultaneous Engineering durchgeführt, d. h. Entwicklungsschritte erfolgen gleichzeitig statt nacheinander. Allgemein läßt sich sagen: „Was sich am meisten braucht, soll am leichtesten zusammenfinden."

Die durch die Trennung der Ressourcen von festen Aufgaben geschaffene Flexibilität muß organisiert, koordiniert, werden. Koordinationsmechanismen zu installieren ist deshalb im Prozeßmanagement Leitmotiv für Führungsarbeit. In der Prozeßdokumentation werden Objekte wie Auftrag, Rechnung oder Produkt modelliert. Die Prozeßdokumentation beschreibt den Ablauf von festgelegten und möglichen Aktionen. Dokumentation ist auch hier nicht bloßes Archiv, sondern folgt dem Gedanken „Dokumentation ist Organisation". Wo kein Organisationsgehäuse mehr vorhanden ist, bildet die Dokumentation ein Rückgrat der Koordination.

Die lernende Organisation

Lernen statt schulen

Schulen für das Industriezeitalter	Lernen im Informationszeitalter
Schulung durch die Organisation	Lernen der Organisation
Tradition	Dokumentation
Lernphase, Lernabschnitt	Lernprozeß, lebenslanges Lernen
Schulen	Entwickeln
abstrahiertes Lernen	Lernen im Kontext
Personalabteilung	Persönlichkeitsentwicklung
Anleitung	Erfahrung
Unterricht	Training
Regel	Intuition
Repetieren	Handeln
Anweisung	Hinweisung
ergänzend Dazulernen	ständiges Umlernen

Lernen statt schulen

Lebenslanges Lernen

Vom einzelnen wird mehr lebenslanges Lernen und weniger ein abschnittsweiser Schulbesuch verlangt. Der Grund dafür liegt darin, daß sich die Grundlagen während eines Lebens mehrfach ändern. Wer einmal gelernt hat, hat noch lange nicht ausgelernt. Nicht mehr Traditionen („das haben wir schon immer so gemacht") sichern die Unternehmenszukunft, sondern ein sich ständiges Weiterentwickeln. Auf völlig veränderte Grundlagen kann nicht mehr durch Dazulernen reagiert werden, sondern nur durch vollständiges Umlernen. Aber selbst wenn sich die Grundlagen nicht ändern, so ändern sich doch die Rahmenbedingungen so häufig, daß das Dazulernen ein ständiger

Prozeß wird, eben lebenslanges Lernen. Lernen ist kein Umfüllen, sondern ein Erfahren und Strukturieren von Wissen.

Gruppenprozeß Lernen

Die Entwicklung von Wissen ist nicht nur ein individueller Prozeß, sondern – aufgrund gemeinschaftlicher Wissenskulturen – Teil eines Gruppenprozesses, Teil der Menschheitsgeschichte. Der Erwerb von Kenntnissen ist dabei eng an das soziale Umfeld geknüpft. Ein Kind bildet sich seine Welt durch Beobachten, Fragen, Nachmachen, Experimentieren. Wissen entsteht in der Gemeinschaft. Wissensmanagement muß neben individuellen vor allem diese gruppenorientierten Lernprozesse umfassen. Nicht das organisierte Schulen steht im Vordergrund, sondern die lernende Organisation. Eine lebendige Dokumentation, leistungsfähige Informations- und Kommunikationsstrukturen und eine flexible Prozeßorganisation sind die Basis der lernenden Organisation, sich in der Gemeinschaft entfaltende Mitarbeiter ihr Träger.

Know-how on Demand

Es geht nicht darum, fundiertes Faktenwissen durch Metawissen wie Lernmethoden oder Suchstrategien zu ersetzen, sondern Faktenwissen um Metawissen zu erweitern. Solides Wissen und eine systematische Analyse verbessern in der Regel jede Entscheidung. Ziel ist es vielmehr, diese Analysen, das Aneignen von Wissen, nicht als Aufgabe für bestimme Zeitabschnitte („Bildungsurlaub") zu machen, sondern als gleichbleibenden Bestandteil der eigenen Arbeit, als Teil ihrer Basis. Die Aneignung von Fakten ist eine ständige Notwendigkeit. Das setzt entsprechendes Metawissen voraus. Erfahrungen und Wissen der Mitarbeiter werden für und durch diese gesammelt und stehen mit den operativen Daten zur ständigen Analyse, zur laufenden Ergänzung in die bestehenden Wissensstrukturen und zur Bildung neuer Hypothesen zur Verfügung. „Know-how on Demand", Wissen auf Abruf, verkürzt nicht nur die Zeit bis zur Marktreife von Produkten, sondern ist die Grundlage für schnelle Reaktionen auf

Kundenwünsche und Marktveränderungen. Im nächsten Schritt wird das Wissen Grundlage für die Innovation eines Unternehmens. Dies macht den Weg zur lernenden Organisation so bedeutsam und sichert die Existenz des Unternehmens.

> ► Ideenschöpfung: Auch scheinbar skurrile Ideen können zumindest Anstöße geben. Ein Vorschlagswesen instrumentalisiert die Ideengewinnung.
>
> ► Experimentieren: Manche Dinge entstehen zufällig oder durch ausprobieren und nicht unbedingt dafür, wofür sie dann ihren Markt finden. Sie schaffen sich ihre Märkte selbst.
>
> ► Hilfe zur Selbsthilfe: Trainer (Coaching) und Tutoren (Mentoring), Bildungs- und Experimentiermöglichkeiten. Zur Selbststeuerung gehört auch die Anpassung der Instrumente: Entlohnungssystem, Leistungsmessung, Stellen- und Aufgabenbeschreibung.
>
> ► Learning by doing: Aufgabenbezogene Kreativität entwickeln, Verantwortung delegieren. Handlungsorientiertes Lernen ist Lernen im Kontext, in Zusammenhängen.
>
> ► Offenheit: Fehler sind erlaubt und bringen uns weiter. Dazu müssen sie aber bekannt werden. Innovationen nicht nur entwickeln, sondern auch zur Produktion bringen, d. h. den Markt entscheiden lassen. Dazu gehört es auch, vom Markt abgelehnte Produkte wieder rasch zurückzuziehen. Mut zum Fehler, Mut zur Korrektur – Versuch und Irrtum.
>
> ► Zuhören: Miteinander reden, statt aufeinander einreden. Lernen durch Zuhören.
>
> ► Teamwork: Intensive Kommunikation und Zusammenarbeit nicht nur intern, sondern auch extern, etwa mit den Kunden oder Mitbewerbern. Ein Grundzug menschlichen Lernens ist das Lernen in der Gruppe. Lernen im Kleinen in der Arbeitsgruppe und Lernen im Großen im virtuellen Unternehmen.
>
> ► Interdisziplinär: Denken und arbeiten Sie interdisziplinär, z. B. Mechatronik = Mechanik + Elektronik + Informatik. Zum einen die Verknüpfung verschiedener Systeme und Bauteile; zum anderen die Zusammenarbeit von Experten unterschiedlicher Disziplinen, die Verknüpfung von Mitarbeitern, Abteilungen oder Unternehmen.

Schritte zur lernenden Organisation

- ▶ Voneinander lernen: Durch Rotation wie Jobrotation, ständiger Wechsel des Büros (Placerotation), wechselnde Zusammensetzung der Teams. Voneinander lernen durch Vergleich mit anderen Unternehmen, dem Benchmarking.

- ▶ Feedback: Besonders dezentrale und marktorientierte Organisationen benötigen ständiges Feedback (Rückkopplung). Feedback wird realisiert z. B. durch eine Informationswand mit der Entwicklung der Kennzahlen, den Reklamationen von Kunden oder ein passendes Entlohnungssystem. Im Rückkopplungsprinzip nach der italienischen Pädagogin und Ärztin Maria Montessori geben die Materialien (und nicht die Lehrer) die Meldung über richtig oder falsch. Die Struktur des Materials „erzwingt" durch entsprechendes Feedback die richtige Entscheidung. Feedback ist der wichtigste Mechanismus zur Selbstkontrolle.

Schritte zur lernenden Organisation (Fortsetzung)

Entscheidungsträger statt Befehlsempfänger

Integrationsfähigkeit durch Persönlichkeitsentwicklung

Um komplexe Aufgaben lösen, kundenorientiert agieren und immer schneller Lösungen anbieten zu können, müssen Spezialisten in Kooperation mit anderen eng zusammenarbeiten. Der Spezialist im Fachlichen und der Generalist im Handeln sind die Eckpfeiler der langfristigen Personalentwicklung. Vernetztes statt lineares Denken, ständige Brüche und Umwälzungen, häufiger Wechsel der Beteiligten über räumliche und kulturelle Schranken hinweg und intensive Teamarbeit verlangen von dem einzelnen eine hohe Integrationsfähigkeit. Das Personalmanagement muß sich zum Persönlichkeitsmanagement weiterentwickeln. Es ist auffällig, daß Unternehmen wie Intel oder Hewlett-Packard, die sowohl innovativ als auch dauerhaft erfolgreich agieren, nicht nur auf eine offene Unternehmenskultur Wert legen, sondern ihre Mitarbeiter langfristig binden können und sie in ihrer Entwicklung unterstützen.

Die Perfektionierungsunternehmen

Unternehmen wie die Restaurantkette McDonald's schreiben jeden Handgriff präzise vor. Sie setzen angelernte Billigkräfte ein, variieren die Produkte nie, und auf Kundenwünsche wird kaum eingegangen. Trotzdem ist das Unternehmen erfolgreich. – Scheinbar der Hohn jeder modernen Managementphilosophie. McDonald's ist eine Backcompany und konzentriert sich auf die Perfektionierung weniger Produkte. Jeder Mensch nutzt Routinedienste und Basic-Produkte. Essen ist ein solches Basic-Produkt. McDonald's bietet nur ein Basic-Produkt an, dieses aber perfekt. Dies schließt nicht aus, daß eine andere Restaurantkette mit stark individualisiertem Produktangebot und qualifizierterem Personal nicht einen größeren Erfolg haben kann. Noch gibt es eine solche Kette nicht. Im Bankwesen gibt es einerseits den Trend zu Banken für individuelle Exklusivkunden und andererseits den zu Telebanken, die preisgünstiges Geldmanagement mit hohem Selbstbedienungsanteil anbieten. Die Telebank ist das McDonald's der Finanzdienstleister. Backcompanys sind kein Widerspruch zum modernen Management, sondern ein Teil der Marktstrukturen.

Telearbeit schafft Flexibilität

Telenetze und Dezentralisierung machen Unternehmen und ihre Mitarbeiter in jeder Hinsicht mobil. Telearbeit, die Arbeit an einem anderen Ort als dem Betriebsort, ist realisierbar geworden. Telearbeit bringt – wie Henry Fords Fließband im Kleinen – im Großen die Arbeit zum Menschen. Telearbeit ist in verschiedenen Formen möglich, nicht nur zu Hause, sondern auch in lokalen Bürogemeinschaften oder Filialbüros als sogenannter „shared working place", in Mietbüros auf Abruf oder im zum Büro ausgebauten Auto. Für Telearbeit eignen sich besonders Dienstleistungen aller Art. Voraussetzung für Telearbeit ist eine entsprechende Selbständigkeit, womit die persönliche Selbständigkeit gemeint ist und nicht unbedingt die wirtschaftliche. Ob Telekommunikation das Personal vor Ort stärker an die Zentrale bindet, oder ihnen mehr Freiraum ermöglicht, ist eine Frage der praktischen Ausgestaltung. Die Technik ermöglicht beides, nicht nur alternierend, sondern auch in Mischformen.

Vorteile	Nachteile
Infrastruktur wird gespart	Kosten für Telearbeitsplatz
Wegezeit und -kosten werden gespart	Telekommunikationskosten
Steigerung der Produktivität	Schwierige Kontrolle
höhere Motivation	geringere Aufstiegsmöglichkeiten
größere Selbständigkeit	Schein-Selbständigkeit
größere Flexibilität der (Lebens-)Arbeitszeit	Personalführung schwieriger
Unabhängigkeit von Betriebszeiten	Mangelnde Loyalität
mehr Mitbestimmung	Selbstdisziplin erforderlich
größere Entscheidungsfreiheit	Unmittelbare Konkurrenz mit dem Privatleben
Beruf und Familie besser vereinbar	soziale Isolation
Arbeitschance für Behinderte	Ausgrenzung
Entzerrung der Städte	Abwanderung von Arbeitsplätzen

Mögliche Vor- und Nachteile der Telearbeit

Das dualistische Informatik-Personal

Beim Informatikpersonal gibt es zwei Grundtypen: aktionsorientierte und strukturorientierte Persönlichkeiten. Nachfolgende Tabelle stellt die verschiedenen Typen beispielhaft gegenüber. Es ist nicht eine Frage entweder-oder einzusetzen, sondern wen für was wann am besten. Eine Design-Phase sollte immer strukturorientiert sein, während der Benutzerdialog besser von einem aktionsorientierten Software-Entwickler gestaltet wird.

Aktions-Typ	Struktur-Typ
Transaktionsorientiert	Dokumentenorientiert
Visuell	Textuell
Optimiert	Organisiert
schafft Systeme „quick and dirty"	schafft stabile Systeme
Rucksack-Programmierung	Wartungsfreundlich
arbeitet pragmatisch	arbeitet strukturell
Bildschirmmaske	Datenstruktur
Frontcompany	Backcompany
an den Benutzern orientiert	an der Anwendung orientiert
kundennah	strategisch ausgerichtet
Marketingabteilung	Entwicklungsabteilung
„Mach mir mal eine Liste"	„Wir brauchen einen neues Programm für den Vertrieb"
„Klar, mache ich schon irgendwie"	„Ich werde das Konzept entwickeln"
Programmierung im Kleinen	Programmierung im Großen
Tatmensch	Denker
schnell am Markt	gutes Produkt
Fortran, Basic, C, C++	PL/1, Pascal, Ada, Smalltalk

Die beiden Informatikertypen

Innovation

Nirgendwo sind leistungsfähige Wissensstrukturen so notwendig wie in der Innovation. Innovativ kann ein Unternehmen nicht nur im Produktbereich sein, sondern auch in der Produktion, der Organisation, dem Vertrieb, im Marketing und beim Service. Das betriebliche Vorschlagswesen ist eines der möglichen Instrumente zur Ideengewinnung. Warum nicht auch ein Kunden-Vorschlagswesen? Das

Vorschlagswesen setzt – wie alle Innovationsinstrumente – ein funktionierendes Informations-, Kommunikations,- und Prozeßmanagement voraus. Vorschläge, die im Unternehmensgetriebe untergehen, demotivieren und sind kontraproduktiv. Eine Innovation muß nicht nur gut sein, sondern zudem schnell umgesetzt werden (Time-to-Market). Deshalb laufen Entwicklungsschritte immer öfter nebeneinander und miteinander ab, statt hintereinander. Wichtigstes Ziel des Innovationsmanagement ist ein kontinuierlicher Strom von Innovationen. Innovativ ist ein Unternehmen, wenn neue Produkte und Dienste und bereits bestehende sich die Waage halten. Als neu gelten derzeit Produkte, die nicht älter als 3 Jahre sind.

Grundregeln innovativen Denkens und Managements:

1. Wechsel des Ziels: Verbreitern Sie die Anwendungen, wechseln Sie den Markt, erweitern Sie das Produkt. Unterhaltung statt Anwendung, Selbstbedienung statt Bedienung. Was für die Geschäftswelt gut ist, kann auch im Privatbereich nützlich sein und umgekehrt. In der Anfangszeit konnten sich nur Unternehmen einen Computer leisten, heute werden die großen Stückzahlen im Privatbereich erzielt.

2. Wechsel der Quelle: Tauschen Sie die Grundlagen aus. Programmieren statt Konstruieren und umgekehrt, Optik statt Elektronik. Nicholas Negroponte postulierte den als „Negroponte-Tausch" bekanntgewordenen Platzwechsel von Kabel und Äther: Fernsehen und Radio wechseln in die Kabel, dafür übernehmen die Computernetze den Äther.

3. Wechsel der Größenordnung: Skalieren Sie die Größen. Ein Staubsauger könnte neben der Größe eines Hausstaubsaugers in der Mikrowelt in Millimeter-Größe zum Einsatz kommen (und Mikromotoren reinigen), aber auch als Industriesauger im Megamaßstab die Luft in großen Hallen reinigen. Die Computergeschichte ist gleichzeitig eine Geschichte des Verkleinerns. Denken Sie zugleich im Kleinen und im Großen. Die computerisierte Fabrik kann für die Automatisierung einzelner Arbeitsabläufe

stehen, aber auch für die Organisation einer virtuellen Fabrik. Die Informatik unterscheidet in diesem Sinne das Programmieren im Kleinen (Programmcode) und Großen (Software-System). Bedeutenden Innovationen wie dem WWW gelingt es oft, das Kleine (Medienverknüpfung) und das Große (Computerverknüpfung) zu verbinden.

4. Wechsel der Kraft: Gehen Sie einen Umweg, lösen Sie das Problem indirekt, machen Sie sich die Eigenkräfte zunutze. Selbstreinigungskräfte statt Ordnungsmächte. Eigenkräfte statt Unterdrückung. Pull statt Push.

5. Wechsel der Richtung: Kehren Sie die Sichtweise um. Der umgekehrte Gedanke (Aufsaugen statt Wegblasen) stand Pate bei der Entwicklung des Staubsaugers. Aus passiv wird aktiv, statt empfangen wird gesendet. Aktivieren Sie durch „intelligente" Technologie bestehende Produkte; aus einem passiven Gerät wird ein aktives (z. B. der „Saugroboter"). Wann übernimmt der Computer das Staubsaugen?

6. Trennen: Trennen Sie zwei Ebenen, die Form von der Funktion, den Schein vom Sein, das Was vom Wie. Dann kann der Sauger nicht nur als Fahrzeug, sondern auch als Rohrnetz gestaltet werden. Der Home-PC steuert über Funk den Staubsauger. Trennen Sie einen Vorgang in eine Kette auf, suchen Sie die Glieder einer Kette. Innovation am schwächsten Glied liefert höchsten Nutzen.

7. Zusammenfügen: Integrieren Sie die Einzelteile in ein einziges neues Teil. Durch die Integration können nicht nur Kosten gesenkt, sondern meist auch die Leistung gesteigert werden. Die Integration beschränkt sich dabei nicht nur auf die Bauteile eines Gerätes, sondern insbesondere auch auf die Integration verschiedener Geräte in eines. Beispiele: Telefon+Telefax+Anrufbeantworter, Kopierer+Scanner+Drucker, Fernseher+Computer. Auf größerer Ebene sind die Kombination von Dampfmaschine und Schienen oder von Computer und Telekommunikation Grundlage einer Epoche geworden.

8. Flexibilisieren: Flexibilisieren Sie das Produkt durch Parametrisieren: der programmierbare Sauger (Flexibilisierung im Kleinen, des Produktes) bzw. der individuelle, maßangefertigte Staubsauger (Flexibilisierung im Großen, der Produktion). Erweitern oder reduzieren Sie etwas am Produkt, verändern Sie das Aussehen oder die Funktion (z. B. endlich ein Staubsauger ohne Kabel).

9. Faulheit: Manche Entwicklungen entstanden aus Faulheit kreativer Menschen. Beispielsweise hat Konrad Zuse den ersten Computer gebaut, weil ihm die aufwendigen Berechnungen in seinem Baustudium geradezu auf die Nerven gegangen sind. Rationalisierung ist professionelle Faulheit.

10. Reflektieren: Vergessen Sie die eigenen Stärken nicht. Was einmal für eine Innovation gut war, kann dies auch ein zweites Mal sein. Das amerikanische Computerunternehmen DEC hat einst den kleineren und billigeren Minicomputer erfunden. Damit schuf DEC einen neuen Markt und wurde selbst Marktführer. Als der noch kleinere und billigere Personal Computer auf den Markt kam, beurteilte der Unternehmensgründer von DEC dies als Spielzeug. – Einige Jahre später stand DEC am Abgrund. Dasselbe ist seinem deutschen Pendant Heinz Nixdorf passiert.

Programmieren oder konstruieren

Ingenieurkunst besteht überwiegend aus der Fähigkeit zu konstruieren. Ob Schaltpläne oder Gebäude, Maschinen oder Straßen, immer wird ein Plan gezeichnet, eine Konstruktion erstellt. Die Programmierung ist auf dem besten Wege, die Konstruktion als Handwerkszeug nicht nur zu ergänzen, sondern immer häufiger zu ersetzen. Statt beispielsweise ein Schaltelement in einem Schaltplan hundertmal einzuzeichnen, genügt ein kurzes Programm: „Paint Element XY * 100" (zeichne das Schaltelement XY hundertmal). Aus den Abmessungen und Grunddaten eines Gebäudes kann ein geeignetes Computerprogramm die Konstruktion dreidimensional entwerfen. Bei nur einer Änderung an den Daten ist auch schon die Konstruktion verändert. Programmieren statt Konstruieren revolutioniert die jahrtausendalte Ingenieurkunst. Programmieren ist ein revolutionäres Mittel, um nicht nur Entwicklungen in kürzerer Zeit als bisher zu realisieren, sondern auch, um eine Vielzahl von Varianten simulieren und testen zu können. Autos, die es nur im Computer gibt, können durch virtuelle Realität in Testfahrten erprobt werden, Häuser können von Menschen schon eingerichtet werden, bevor auch nur ein Ziegel verbaut ist.

In der Darstellung komplexer Sachverhalte setzt man gerne Grafiken ein. Daten werden aber nicht mehr durch Zeichnung, sondern durch Programme zu Bildern. Wetterkarten werden automatisch berechnet und per Computersimulation dargestellt. Medizinische Diagnosen können grafisch aufbereitet werden. Aus einer Vielzahl von Messungen, etwa dem Elektrokardiogramm (EKG) eines Tages, wird ein dreidimensionales Bild erstellt. Mit einem Blick läßt sich der Verlauf des EKGs und der Zustand des Patienten erkennen. Den Stand der Börse zeigt die virtuelle Börsenstadt. Die Visualisierung von Zahlenmaterial, berechnet durch leistungsfähige Computer, kann durch ein Bild tausend Zahlen ersetzen.

Die fachliche Organisation von Unternehmen ist meist auch eine räumliche. Abteilungen werden etwa auf Stockwerken zusammengefaßt. Der Gedanke von Geschäftsprozessen hat diese Organisationsweise durchbrochen. Statt fachlich-räumlicher Organisation, statt dem Bau von Gebäuden, werden die Unternehmen durch programmierte Geschäftsabläufe organisiert. Jeder Arbeitsschritt wird im Workflow-Programm festgehalten, von wem zu wem was geschickt werden muß und was dort erledigt werden muß. Das Programm steuert den Betriebsablauf, nicht mehr die räumliche Struktur des Unternehmens. Das programmierte Unternehmen ersetzt die Organigramme, die Software organisiert die Ressourcen. Einen Schritt weiter werden mehrere Unternehmen im virtuellen Unternehmen zusammengefaßt. Das Programm ersetzt die Konstruktion – im Kleinen wie im Großen.

Überall dort, wo bisher die Konstruktion als Handwerkszeug genutzt wurde, kann es durch Programmierung ersetzt werden und dadurch völlig neue Möglichkeiten eröffnen. Dieser Weg geht bemerkenswerterweise auch in die umgekehrte Richtung. In der Software-Entwicklung, also ausgerechnet dort, wo die Programme geschrieben werden, strebt man seit vielen Jahren an, die Software durch ingenieurmäßiges Konstruieren zu entwickeln. Die Fachwelt der Informatik spricht von Software-Engineering und objektorientierter Modulbauweise. Ziel dieser Bestrebungen ist es Software kontrolliert in Etappen zu entwickeln. Im nächsten Schritt wird durch raumorientiertes Programmieren der Software-Konstrukteur in die Lage versetzt, Programme in virtuellen Räumen zu konstruieren. Die einen gehen vom Konstruieren zum Programmieren, die anderen vom Programmieren zum Konstruieren.

Programmieren und Konstruieren sind das Denkzeug für Kreativität. Konstruieren baut und verbindet Teile, Programmieren koordiniert Verfahren und Regeln. Wer etwas entwickeln will, muß in beiden Welten zu Hause sein. Beiden Gestaltungsformen übergeordnet ist ein kreativer Lernprozeß der Beteiligten, in dem aus Erfahrungen Wissen wird.

Zusammenfassung

▷ Bei Datenflut droht Informationsmangel, bei Informationsflut Kommunikationsmangel, bei Kommunikationsflut Entscheidungs- und Handlungsdefizit.

▷ Daten erfassen, wo sie anfallen. „All in One“: Daten ohne Medienbrüche sammeln.

▷ Information ist, was verstanden ist. Lebende Information statt gesammelte Daten.

▷ Datenbearbeitung in operativen Datenbanken, Datenauswertung im Data Warehouse.

- Informationsauswahl: Soviel wie nötig (Vollständigkeit), sowenig wie möglich (Genauigkeit).

- Gebrauch von Information macht diese wertvoller.

- Faktor Zeit: „Nichts ist so alt wie die Zeitung von gestern."

- Nur ein Teil von Kommunikation ist automatisierbar. Kommunikation muß auch Konventionen brechen und ist Teil der Entfaltung einer Persönlichkeit.

- Workflow für formalisierbare Kommunikation, Workgroup für informale Teamarbeit.

- Interaktion ist die Kommunikationsform des Informationszeitalters, ständige Brüche ihr Kennzeichen.

- Auf eine Entscheidung folgt ein Realisierungsprozeß.

- Flexibilität durch Trennung von Prozeß und Ressourcen.

- Managementaufgabe Koordinierung durch Pläne und Märkte.

- Der Ablauf organisiert den Aufbau.

- „Häufige Wege sind kurze Wege."

- Lebenslanges Lernen statt abschnittsweiser Ausbildung.

- Wissen entsteht in der Gemeinschaft. „Know-how on Demand" durch lernende Organisation.

- Persönlichkeitsmanagement fördert Integrationsfähigkeiten.

- Innovation basiert auf leistungsfähigen Wissensstrukturen.

- Programmieren und Konstruieren sind das Denkzeug für Kreativität.

6. Die Zukunft

Die fünf Trends
in der Informationstechnologie

Fünf Trends in der Informationstechnologie sind die Eckpfeiler der weiteren Entwicklung. Diese Trends haben den Charakter von Grundsätzen. Sie sind nicht nur bestimmend für die technologische Entwicklung selbst, sondern setzen sich auch in der Organisation von Unternehmen durch.

Der Supertrend: Leistungsverdopplung alle 18 Monate

Der Trend schlechthin ist die beständige Verdopplung bzw. Halbierung der Kennziffern alle 18 Monate. Die ständige Leistungssteigerung bei gleichzeitiger Verkleinerung der Bauteile verstärkt sich zum Teil selbst. Werden beispielsweise die Bausteine kleiner, kann das Gehäuse entsprechend kleiner (und damit billiger) ausfallen. Verbraucht die Elektronik weniger Strom (die ersten Computer benötigten noch eigene Kraftwerke), kann der Transformator verkleinert (und damit verbilligt) werden. Zugleich wird das Gehäuse noch kleiner, usw. – Weniger ist mehr.

Oft sind die Ideen bereits viele Jahre alt, bevor sie nach einigen Vorläufern zum Durchbruch kommen. Konzepten wie Hypertext (1945), Internet (1969) oder digitalen Märkten (1964) gelang erst in den 90er Jahren der Durchbruch. Manchmal werden solche Ideen früh propagiert, lösen eine anfängliche Begeisterung aus, der eine große Ernüchterung folgt. Erst deutlich später erfolgt der Durchbruch. Dieser Ablauf entspricht aber weitgehend dem Prinzip „Verdopplung alle 18 Monate", wie die exponentiellen Kurven mit langer

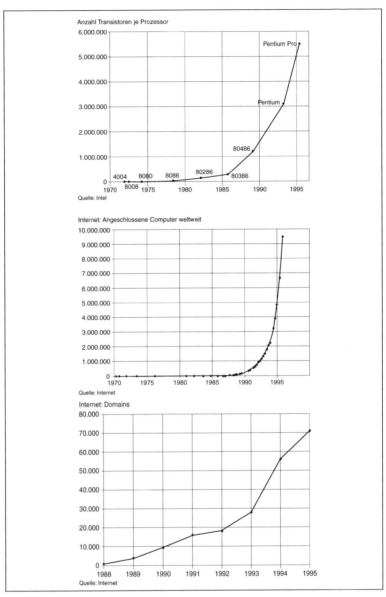

Anzahl Transistoren je Prozessor

Quelle: Intel

Internet: Angeschlossene Computer weltweit

Quelle: Internet

Internet: Domains

Quelle: Internet

Die Explosion der Kennziffern

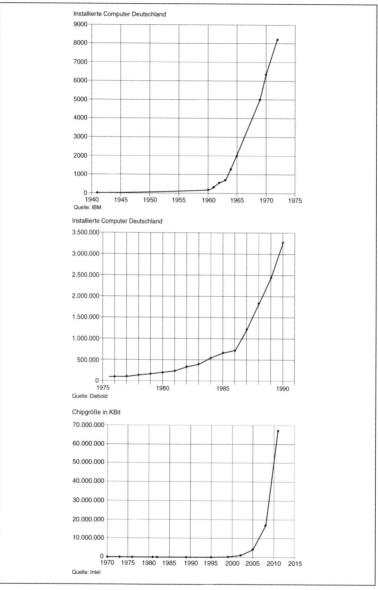

Die Explosion der Kennziffern (Fortsetzung)

Anlaufzeit und plötzlicher Explosion zeigen. Der Wert von 18 Monaten darf dabei nicht dogmatisch gesehen werden, sondern dient der Orientierung.

Ein Ende dieser Entwicklung ist nicht abzusehen, im Gegenteil. Allenfalls muß die technologische Basis geändert werden. Zu erwarten ist, daß optisch basierte Technologie die elektronische immer mehr verdrängen wird. Was oft nicht bewußt ist: prinzipiell ist die Informationstechnologie von der Elektronik unabhängig. Alle Versuche, Computer zu bauen, erfolgten bis etwa 1940 auf mechanischer Basis. Die Elektronik hat sich aufgrund ihrer um vieles höheren Geschwindigkeit, niedrigeren Fehlerraten und geringeren Platz- und Energiebedarfs durchgesetzt. Gleiches wird für optische gegenüber den elektronischen Systemen gelten, die aus diesen Gründen bei der Datenübertragung („Glasfaser-Netze") bereits eingesetzt werden. Ebenso sind optische Massenspeicher im Begriff, die magnetischen Speicher zu ersetzen.

Im Zweifelsfall muß mit technologischen Fortschritten gerechnet werden. Wer von einer weiteren Leistungssteigerung (einhergehend mit ständiger Verkleinerung) der Systeme ausgeht, kann sich in Sicherheit wiegen. Manche Visionen können allerdings einige Jahre oder gar Jahrzehnte benötigen, bis sie die Märkte durchdringen – dann aber um so schneller. Zu Limitierungen kann es eher durch fehlendes Kapital als durch mangelnde technologische Möglichkeiten kommen. Die Entwicklung leistungsfähiger Chips benötigt gewaltige Finanzmittel, die selbst große Konzerne nur noch im Verbund bereitstellen können.

Offenheit

Modularisierung: Monolithen in Module auftrennen

Bei der Software geht der Trend zu immer größerer Unabhängigkeit von der verwendeten Hardware. Man spricht von offenen Systemen. Hard- und Software orientierten sich an einem Schichtenmodell bzw.

Baukastenprinzip. Die untere Schicht stellt ihre Funktionen über eine definierte Schnittstelle zur Verfügung. Die darüberliegende Schicht kann ungeachtet der tatsächlichen Realisierung der Funktionen diese über die Schnittstelle benutzen. Beispielsweise wird Strom über die Schnittstelle „Steckdose" zur Verfügung gestellt. Für den Benutzer ist die Erzeugung und Zuleitung des Stromes unsichtbar. Je mehr man dieses Prinzip der Zerlegung durchsetzt, desto besser kann man die einzelnen Teile voneinander entkoppeln, also nicht nur Hardware von der Software, sondern auch das Betriebssystem vom Datenbanksystem oder den Großrechner (mit „dummen" Terminals) in Klient und Server trennen. Auf unternehmerischer Seite entspricht dies der Organisation in Profit-Center bis hin zur Auflösung in lauter selbständige Unternehmen. Jede Aufgabe wird aus dem Ganzen herausgelöst und über die Schnittstelle nach Angebot und Nachfrage verfügbar gemacht. Zu der vertikalen Schichtung kommt noch eine horizontale Differenzierung und Modularisierung der Funktionen hinzu. Die Auswahl von Funktionen kann dann individuell auf den Anwendungsfall abgestimmt werden.

Schnittstellen: Die Schnittstelle verbirgt die Details

Wie die Lösung, die sich hinter einer Schnittstelle verbirgt, dann aussieht, ist zweitrangig. Bei komplexen Software-Systemen ist der vollständige „Durchblick" auch nicht mehr möglich. Hinzu kommt, daß bei Software, die schon viele Jahre alt ist, das „Innenleben" nicht mehr bekannt ist, sei es wegen fehlender Dokumentation oder weil die Entwickler nicht mehr präsent sind. Ergebnis ist jedenfalls, daß die Abläufe im Inneren nicht mehr bekannt sind. Selbst die fachlichen Begründungen für bestimmte Abläufe sind dann nicht mehr bekannt. Dies erschwert Veränderungen, Pflege und Weiterentwicklungen von Software und erhöht das Risiko von Fehlfunktionen. Umgekehrt muß man aber auch nicht immer alles bis ins Detail wissen, um handlungsfähig sein zu können. Systeme müssen tendenziell selbsterklärend und auf Knopfdruck bedienbar sein. Der Funktionsumfang muß nach innen versteckt werden. Gleiches gilt für die Routinearbeiten. Die

Folge: Arbeit muß nicht mehr in einfache Schritte aufgegliedert werden, wenn diese durch Computersysteme ersetzt oder unterstützt werden. Die Arbeitsteilung wird nach innen verborgen, wodurch geübte Generalisten erforderlich werden, die mit den Systemen in jeder Lage umgehen können.

Standards: Schnittstellen müssen allgemein standardisiert sein

Alles kommt auf eine sinnvolle und abgestimmte Definition der Schnittstellen an. Ist dies gewährleistet, dann können Systeme aus unterschiedlichen Teilen zusammengesetzt sein. In diesem Zusammenhang fällt auch ein Schlagwort der Informatik: „Objektorientierung". Gemäß diesem Prinzip werden die Funktionen, die sachlich zusammengehören, in einem Modul gekapselt und ihre Funktion über eine Schnittstelle ausgereicht. Die Zusammenstellung der Funktionen orientiert sich dabei an den zu bearbeiteten Objekten, wie Dokumenten, Fahrzeugen oder Adressen, für die dann jeweils ein Software-Modul geschaffen wird. Die Definition von Schnittstellen führt häufig zu entsprechenden Standardisierungsbemühungen.

Bemerkenswerterweise sind zentrale Standardisierungsorganisationen um so notwendiger, je dezentraler organisiert wird, d. h. Dezentralisierung auf der einen Seite erzwingt Zentralisierung auf der anderen. Die Planwirtschaft ist in gewisser Weise nicht tot, sondern durch die Globalisierung notwendige Voraussetzung für freie Märkte. Gesetze schaffen Rahmenbedingungen, die im Sinne niedriger Transaktionskosten nicht jedesmal neu definiert werden müssen. Standards schaffen die Grundlage für standardisierte Produkte in großen Stückzahlen, schaffen Märkte. Überspitzt formuliert setzt die freie Marktwirtschaft die Planwirtschaft voraus. Der Plan ist ein globalisierender Koordinationsmechanismus, der Markt ein individualisierender.

Weil solche Standards große Marktmacht haben, entbrennt oft ein heftiger Kampf um den „richtigen" Standard. Auch kann der technische Fortschritt festgeschriebene Entwicklungen überholen oder sie werden vom Markt nicht angenommen. Gut standardisierte Schnittstellen sind von großer Wichtigkeit, aber man bekommt sie nicht geschenkt. Hat man sie, schaffen sie Offenheit, Unabhängigkeit und Flexibilität. Wenn nicht, muß man mit Inkompatibilitäten, Altlasten und einem Verlust an Wandlungsfähigkeit kämpfen.

Skalierbarkeit: Flexibilität durch Programmierung

Modulare schnittstellenorientierte Bauweisen unterstützen in besonderen Maße die Skalierbarkeit von Systemen. Bei Bedarf kann ein Teil durch ein leistungsfähigeres gleichwertiges Teil ersetzt oder ergänzt werden. So ist Leistung nach Bedarf gestaltbar, ohne daß mit dem Wechsel von einem Modul auch alle anderen Teile ausgewechselt werden. Erstmalig wurde das Prinzip der Skalierbarkeit in der IBM Systemfamilie /360 (360 steht für die 360 Grad des Vollkreises) in den 60er Jahren sehr erfolgreich angewendet. Das Unternehmen SUN hat mit der SPARC-Architektur Vergleichbares realisiert. Computer vom Laptop bis zum Supercomputer basieren bei SPARC-Systemen auf der immer gleichen Hardware-Architektur. Benötigt die Software große Leistung, muß nur die Hardware erweitert oder ausgetauscht werden, nicht jedoch die Software.

Software wird oft in verschiedenen Versionen mit steigender Funktionalität von der Demo- über die Light- bis zur Normal- oder de Luxe-Version angeboten. Geht man noch einen Schritt weiter, dann kann man Software nach Bedarf ergänzen. Bei der Entwicklung der Programmiersprache Java von SUN wurde das Prinzip „Software on Demand" in das Programmierwerkzeug strukturell eingebaut. Software-Bausteine werden dabei vom Basissystem selbständig aus dem Internet geholt, wenn eine entsprechende Anforderung besteht. Die Anwendungen werden dadurch funktionell beliebig skalierbar. Ein weiterer Skalierungsansatz ist die Dialogebene, wenn diese in der Bedienung wahlweise für Anfänger, Fortgeschrittene oder Experten eingestellt werden kann, bzw. sich in der Weiterentwicklung selbständig auf den Benutzer einstellt.

Neben dieser Anpassung der Funktionsbreite ist auch die Funktionsausprägung über Parameter variabel. Je nach Einstellung der Parameter verhält sich die Funktion anders. Sogenannte generischen Funktionen erkennen darüber hinaus den Objekttyp und verhalten sich entsprechend. Beispielsweise muß die Aktivierungsfunktion bei einem Musikstück (= Audio-Objekt) u. a. die Lautsprecher einschalten, bei einem tonlosen Bild dagegen nicht. Dies ist Flexibilität durch Programmieren statt Konstruieren.

Intelligenz

Zwei Bestandteile machen intelligente Systeme aus:

1. Die Automatisierung, d. h. die Ersetzung menschlicher Leistung durch Automaten, das Verstecken von Leistung nach innen.

2. Die Flexibilisierung und Individualisierung, d. h. die Anpassungsfähigkeit an den Benutzer, die nach außen gebrachte Unterstützung durch das System.

Der Wunsch nach Automatisierung menschlicher Arbeit durch Maschinen zieht sich durch die gesamte Geschichte der Technik. Die Automatisierung soll den Menschen entlasten und neue Möglichkeiten schaffen. Das Industriezeitalter zielte vor allem auf die Automatisierung körperlicher Arbeit, das Informationszeitalter automatisiert auch geistige Leistung.

Um die Vielzahl der Informationsquellen und Darstellungsformen für den einzelnen noch handhabbarer zu machen, müssen sich die Systeme automatisch anpassen. Sie müssen sich zum einen automatisch nach den Bedürfnissen und Interessen des Nutzers, ihres Kunden, ausrichten. Spezialprogramme wie die Software-Agenten, die in Spezialgebieten Informationen automatisch recherchieren, sind erste Ansätze hierzu. Zum anderen müssen sie sich mittels intelligenter Schnittstellen an die Struktur der Zielobjekte anpassen. Beispielsweise muß ein Grafiksystem die notwendigen Einstellungen zur Darstellung einer Grafik selbst vornehmen. Moderne Kameras übernehmen heute bereits automatisch die meisten Einstellungen wie Entfernung oder Belichtungszeit. Zwischen der Nachfrage und dem Angebot wird automatisch vermittelt.

	Automatisierung	Anpassung
Zentrale Eigenschaft	Autonomie	Individualisierung
Voraussetzung ist	Eigeninitiative	Flexibilität
Aufgabe ist	Routine	Interaktion
Orientierung am	System	Benutzer
Programmierung von	Teleskripts	Verhaltensskripts
Blickrichtung nach	innen	außen

Intelligente Systeme

Die Automatisierung geht immer wieder der Selbstbedienung voraus, bzw. macht sie erst möglich. Die Explosion der Teilnehmerzahlen im Telefonnetz war erst durch die Automatisierung der Telefonvermittlung mit Selbstwahl möglich. Andernfalls müßte heute ein Großteil der Weltbevölkerung als „Fräulein vom Amt" Dienst tun. Ziel aller Automatisierung ist die Ausführung einer Aufgabe auf Knopfdruck. Microsoft spricht von „Information at Your Fingertips". Die Systementwickler müssen die Systeme so programmieren, daß sich diese durch Lernen vom Benutzer oder durch Protokollieren derer Eigenheiten und Absichten immer besser anpassen. Sie sollen gewissermaßen die Wünsche von der Tastatur ablesen. Diese Anpassung geht über die Produktion (Stichwort individualisiertes Auto) hinaus, es erfolgt eine ständige Anpassung im laufenden Betrieb (lernender Software-Agent). Nicht der Benutzer wird durch Schulung angepaßt, sondern die Systeme werden an die Benutzer adaptiert.

Virtualität

Abstraktion: Trennen von Form und Funktion

Die Industriegesellschaft hat zwischen Beruf und Privatsphäre, zwischen Arbeitgeber und Arbeitnehmern, zwischen Raum und Nation unterschieden. Diese Trennungen sind für die Informationsgesellschaft ohne zentrale Bedeutung. Im Informationszeitalter verlaufen die Trennlinien entlang der Wissensachse. Die Digitalisierung trennt Form und Funktion, Darstellung und Inhalt. Prozesse werden von den Ressourcen abstrahiert (Abstraktion bedeutet abziehen; lateinisch abstrahere). Abstraktion trennt Erkanntes von Erkennbaren, und diese Trennung schafft Flexibilität. Der virtuelle Prozeß wird neu gestaltet, die Ressourcen nur bei Bedarf zugeordnet. Früher waren die Dinge einander fest zugeordnet. Es bedurfte eines Eingriffes, um einen Zustand zu verändern. Durch die Abstraktion gibt es nur noch einen Zustand: die Veränderung.

Neue Räume erschaffen

Die digitale Form kann je nach Interpretation jeden Inhalt darstellen. Virtuelle Räume erschaffen eigene Welten, virtuelle Simulationen erschaffen eine eigene Zukunft. Telearbeit gestaltet die Lebens- und Arbeitswelt neu. Virtuelle Unternehmen gestalten sich und ihre Umwelt, sie integrieren ihre Kunden und Lieferanten. Die Virtualität ist ein Mittel zur Integration. Digitalisierung integriert die Medien, Hypermedia die Information, Netze die Kommunikation, virtuelle Räume den Menschen. Die durch die Trennung geschaffene Vielfalt wird virtuell wieder vereinfacht. Was die Abstraktion voneinander getrennt hat, das kann die Virtualität neu vereinen.

Integration

Aufbauend auf der umfassenden Digitalisierung sind die Leistungsexplosion, die Modularisierung und die Skalierbarkeit der Informationstechnologie Grundlage für die Integration aller Funktionen in ein einziges System. Der Traum von der „Enzyklopädie der Funktionen", der „eierlegenden Wollmilchsau", wird zu einem guten Teil Wirklichkeit. Der Multimedia-PC integriert die Funktionen und Werkzeuge wie ein Schweizer Taschenmesser in einem einzigen Gerät.

Die Integration bezieht sich auch auf den Computer an sich. Er wird immer mehr in andere Produkte integriert und verschwindet als eigenständiges Gerät. In einem Auto ist heute bereits Software im Wert von 15 – 25 % des Verkaufspreises eingebaut. Das Auto, eigentlich das Hardware-Produkt schlechthin, ist auf dem Weg zu einem Software-Produkt.

Die Internationalisierung der Datennetze erzwingt darüber hinaus auch eine kulturell-politische Integration. Was in dem einen Land ein Straftatbestand ist, kann im nächsten erlaubt sein. Die Freizügigkeit des realen Reisens ist sehr viel leichter einzuschränken, als die der virtuellen Reise über Netze. Im Zweifel ist es nur eine Frage der Kosten, über ein anderes Land mittels Fernverbindung verbotene Informationen abzufragen oder anzubieten. Aber auch die kulturellen Gewohnheiten einer Region geraten vor einer internationalen Netzgemeinde in eine Bewährungsprobe und erfahren unter Umständen eine Veränderung.

Die zentrale Integrationsaufgabe der Informationsgesellschaft wird aber die Integration von Wissen sein. Die Datenbasis ist unerschöpflich groß und weit verteilt. Das menschliche Aufnahmevermögen dagegen ist begrenzt. Automatisierte Volltextrecherchen und Suchmaschinen sind nur ein Mittel um sich durch die Datenmassen durchzuarbeiten. Notwendig ist es vor allem, globale Wissensstrukturen zu errichten, auf denen aufbauend sich jeder einzelne wie auch jedes Unternehmen individuelle Wissensstrukturen gestalten kann. Ein Beispiel ist die persönliche Tageszeitung, die aus internationalen Quellen zusammengesetzt wird. Die Ausdifferenzierung in viele verschiedene Tageszeitungen wird ersetzt durch viele verschiedene Informationsquellen, die nach bestimmten individuellen Parametern ausgewertet werden. Die Integration ist die notwendige Antwort auf die Fragmentierung der Informationsgesellschaft.

Integration der Bauteile	Computer on Chip
Integration der Software	Offene Systeme
Integration der Netze	Integriertes Universalnetz
Integration der Funktionen	Das Universal-Gerät
Integration des Computers	Bestandteil von anderen Systemen wie Haushaltsgeräte Integration der Medien
Integration des Wissens	Die Super-Dokumentation
Integration der Fachdisziplinen	Interdisziplinarität
Integration der Teilnehmer	Vernetzung
Integration der Benutzer	Interaktiv
Integration des Körpers	Virtual Reality
Integration der Unternehmen	Virtuelle Unternehmen
Integration der Märkte	Globalisierung
Integration der Gesellschaften	Multikulturell
Integration der Arbeit	Telearbeit
Integration der Aufgaben	Generalist
Integration der Dienste	Full-Service
Integration der Branchen	Multibranchenfähigkeit
Integration der Werkzeuge	Schweizer Taschenmesser

Integration

Der Computer 2010: Ein Handy

Die beschriebenen Trends werden einen Computer von der Größe eines Telefonhandys hervorbringen, aber mit allen – und noch mehr – Funktionen eines Computers. Dieses All-in-One-Handy wird auch einen Fotoapparat, einen Scanner, ein Diktiergerät etc. integriert haben. Über Mobilfunk kann man ihn als Telefon, Telefax (wenn es das dann noch gibt) oder für die Datenkommunikation nutzen. Die ersten Vorläufer dieser Gerätegeneration sind seit 1993 zu erwerben.

Zusammenfassung

▶ Beständige Verdopplung bzw. Halbierung der Kennziffern alle 18 Monate.

▶ Entwicklung verstärkt sich selbst und wird voraussichtlich noch lange anhalten.

▶ Offenheit durch Modularisierung und Schnittstellen. Gute Schnittstellen bekommt man nicht geschenkt.

▶ Durch Programmierbarkeit skalierbare Flexibilität.

▶ Intelligente Systeme durch Automatisierung und Anpassungsfähigkeit.

▶ Abstraktionsprozeß trennt Erkanntes von Erkennbarem. Die Trennung schafft Flexibilität und erfordert Koordinierung. Im virtuellen Raum finden die Dinge wieder zusammen.

▶ Die zentrale Integrationsaufgabe der Informationsgesellschaft ist die Integration von Wissen.

▶ Der Computer 2010 ist ein multifunktionales, alles integrierendes Handy.

7. Zusammenfassung

Die Ideen von Adam Smith, von Märkten und Arbeitsteilung, sind nicht Vergangenheit, sondern werden in der Informationsrevolution sogar weiter ausgebaut und vertieft. Kern der Informationsgesellschaft ist ihre Informatisierung und Virtualisierung. Die Software wird von der Hardware getrennt, die Prozesse von den Ressourcen. Zentrale Aufgabe der Informationsgesellschaft ist die Integration dieser getrennten Teile.

Das Informationszeitalter hat Hoffnungen geweckt und Befürchtungen ausgelöst. Niemand kann vorhersagen, ob tatsächlich mehr Arbeitsplätze entstehen oder die Rationalisierungsmöglichkeiten stärker sind. Sicher scheint nur, daß ein Teil der bestehenden Arbeitsplätze in jedem Fall wegfällt und mit der Informationstechnologie neue geschaffen werden können. Fördern die neuen Möglichkeiten wirklich die persönliche Entfaltung oder lassen sich die Menschen in die Bequemlichkeit der Automatisierung fallen? Lernen die Menschen, sich weltweit zu arrangieren oder wird ein soziales Miteinander immer schwieriger zu realisieren?

Wir können die Wirkungen der Entwicklungen nicht abschließend beurteilen. Sie sind aber nicht zwingend, wie physikalische Gesetze, sondern Ergebnis der Handlungen von uns allen. Mit neuen Technologien verändern wir unsere Arbeit, unser Lernen, unser Denken. Menschen verändern sich. Die Technologien treten in Wechselwirkungen mit gesellschaftlichen Entwicklungen. Wer die Dinge aktiv in die Hand nimmt, wird neue Entfaltungsmöglichkeiten entdecken, wer seine Verantwortung ausfüllt, trägt zum Gelingen bei.

Nachfolgend sind die zehn wichtigsten Entwicklungszüge der Informationsrevolution zusammengefaßt. Möge jeder die richtigen Schlüsse ziehen und seinen Weg finden.

1. Technik und Gesellschaft

Das Informationszeitalter ist nicht allein eine technologische Revolution, sondern stellt vor allem auch einen großen gesellschaftlichen Umbruch dar. Technik und Gesellschaft treiben sich im Wechselspiel gegenseitig an, entwickeln sich aber auch unabhängig voneinander. Wissen ist die zentrale Achse der Entwicklung.

2. Individualisierung und Globalisierung

Dezentralisierung und Zentralisierung, Spezialisierung und Generalisierung, Individualisierung und Globalisierung, sind die Pole des eben erwähnten Wechselspiels. Sie sind eine Herausforderung an die bestehenden politischen Strukturen. Die Individualisierung bedroht den gesellschaftlichen Konsens der Solidargemeinschaft, die Globalisierung greift die Macht des Nationalstaates an. Die Dezentralisierung und die allgemeine Verfügbarkeit von Informations- und Kommunikationstechnologien fördern eine Demokratisierung von Wissen und Kommunikation, zugleich machen sie die Notwendigkeit starker Zentralen erforderlich. So wie die Computer die Individualisierung begleiten, so stehen die Telenetze für die Globalisierung der Welt.

3. Innovation und Interaktion

Computer und Infobahn sind die Infrastruktur des Informationszeitalters. Ihre Leistungsfähigkeit verdoppelt sich alle 18 Monate. Ein Ende dieser Entwicklung ist nicht abzusehen. Interaktion ist die bedeutendste Kommunikationsform der Informationsgesellschaft. Hohes Innovationstempo und interaktive Abläufe zwingen zum Handeln in der Gegenwart statt zur Verplanung der Zukunft. Der Weg ist das Ziel.

4. Digitalisierung und Integration

Die Integration von Medien, Funktionen und Wissen erfolgt durch Digitalisierung und Modularisierung. Differenziert wird über individuelle Parameter. Die Schnittstellen sind das zentrale Bindeglied; sie müssen möglichst klein und zugleich flexibel gehalten werden, um eine Explosion der Komplexität zu vermeiden. Gute Schnittstellen schaffen Offenheit, Unabhängigkeit und Flexibilität.

5. Trennen und vernetzen

Flexible Vernetzung ersetzt die statischen Hierarchien. Selbständige Handlungsfähigkeit ist die Herausforderung an jeden einzelnen. Die Unternehmen werden bis auf die operative Ebene in selbständige Einheiten aufgetrennt (Profit-Center) und unternehmensübergreifend wieder zusammengesetzt (virtuelle Unternehmen). Die fachlichen Wissensstrukturen werden interdisziplinär miteinander vernetzt. Ein Dokumentationswesen ohne Medienbrüche und leistungsfähige Informations- und Kommunikationsstrukturen sind das Rückgrat moderner Unternehmensorganisationen. Dokumentation ist Organisation.

6. Sein und Schein

Sein und Schein sind die Achsen einer Persönlichkeit. Virtualität ist eine neue Variante dieses Gestaltungsraumes. Brüche und rasche Wechsel („Zappen") statt linearer Planungen sind ein Charakteristikum des Informationszeitalters. Die Prozesse und Ressourcen eines Unternehmens werden digital abgebildet und zu einem einzigen Super-Objekt virtualisiert. Es entsteht ein virtueller Gestaltungsraum, den virtuelle Unternehmen erweitern.

7. Markt und Plan

Schnelle Reaktion auf neue Anforderungen ist Trumpf. Simulationen beschleunigen Entwicklungen und ermöglichen die aktive Gestaltung in der Zukunft. Alles ist im Fluß, nichts ist endgültig. Der Anpassungsprozeß wird durch beständiges Lernen des einzelnen wie des Unternehmens realisiert. Die Transaktionskosten sinken, so daß Marktmechanismen einen Vorteil bringen. Nach der Trennung der Funktionen (Taylorismus) und Aufteilung der Kunden (Kundenorientierung) trennen virtuelle Organisationen zusätzlich Prozesse und Ressourcen. Die grundlegende Managementaufgabe ist die Implementierung optimierender Koordinationsmechanismen.

8. Programmieren und konstruieren

Das Programmieren ersetzt bzw. ergänzt das Konstruieren und umgekehrt. Die Programmierung ist eine revolutionäre Methode für Innovation.

9. Wissen ist Umsatz

Informationen müssen den Menschen durch Wissensstrukturen statt durch Datensammlungen zugänglich gemacht werden. Aus der Datenflut wird durch Verstehen und Strukturieren sinnvolle Information. Durch Kommunikation wird aus sinnvoller Information nützliche Information. Das Prozeßmanagement setzt Information in Wertschöpfung um. Die lernende Organisation ist die Basis für den Wettbewerb um Kunden und Innovation. Das Management von Wissen ist die wichtigste Führungsaufgabe.

10. Die Informationsrevolution hat schon begonnen.

Anhang

Abkürzungen

@

at, siehe Glossar => Domain

API

Application Programming Interface
Umfangreiche Schnittstelle eines Programms, die von anderen Programmen genutzt werden kann.

ARPA

Advanced Research Project Agency
Projekt des US-Verteidigungsministeriums, das – durch den Sputnik-Schock von 1957 ausgelöst – 1962 begonnen wurde. Als Teil des Projektes startete das ARPAnet 1969 mit 4 Computern. Aus dem ARPAnet ist das Internet hervorgegangen.

ATM

Asynchron Transfer Modus
Die Daten werden in sehr kleine Blöcke, sogenannte Zellen, zerlegt und mit hoher Geschwindigkeit übertragen.

BBS

Bulletin Board System
Mailbox-System, über das digitale Nachrichten veröffentlicht und ausgetauscht werden können.

BLOB

Binary Large Object
Objekte wie Grafiken, die große Speichermengen benötigen, und deshalb schwieriger mit vertretbaren Antwortzeiten zu verarbeiten sind.

BTX

Bildschirmtext

Online-Dienst der früheren Deutschen Bundespost, später in Datex-J umbenannt, heute Teil von T-Online. Ähnliche Dienste wurden in den 80er Jahren in vielen Ländern gestartet.

CCITT

Comité Consultatif International Télégraphique et Téléphonique

Internationales Gremium für Telegraphie und Telefon, das u.a. Normierungen vornimmt.

CD-ROM

Compact Disc – Read Only Memory

Optisches Speichermedium mit hohem Speichervolumen und minimalen Verschleiß. Nach Produktion der CD-ROM sind die Daten auf ihr nicht mehr veränderbar, d.h. nur für lesenden Zugriff geeignet.

CPU

Central Processing Unit

Zentraleinheit, der Prozessor, das „Gehirn" des Computers.

CSCW

Computer Supported Cooperative Work, computergestützte kooperative Arbeit

Wissenschaftlicher Fachbegriff für Workgroup (siehe auch dort) bzw. Groupware (Bezeichnung für die entsprechende Spezial-Software).

Unterstützt die gemeinsame Arbeit von durch Computernetze verbundenen Personen. Beispiele: digitale Konferenz, Terminplaner, E-Mail, Gruppeneditor (d.h. gleichzeitiges Arbeiten räumlich getrennter Personen an einem Text).

DNS

Domain Name System; Domain engl. Bereich.

Ordnet den Namen eines WWW-Bereiches (etwa bode.de) den numerischen IP-Adressen zu.

EDI

Electronic Data Interchange, elektronischer Datenaustausch.

Besser wäre es, von der technischen Basis (Elektronik) zu abstrahieren und von digitalem oder telekommunikativem Datenaustausch zu sprechen.

EDIFACT

Electronic Data Interchange for Administration, Commerce and Transport

Weltweiter EDI-Standard der Vereinten Nationen für den elektronischen Datenaustausch im Geschäftsverkehr. Ausführliche Informationen erhält man in Deutschland bei

Deutsche EDI-Gesellschaft e.V. (DEDIG)
Burggrafenstraße 2a, 10787 Berlin
Telefon (030) 25 45 05-11,
Telefax (030) 25 45 05-27

Die DEDIG wurde Mitte 1993 auf Initiative des Bundesministeriums für Wirtschaft, des Deutschen Industrie- und Handelstages e.V. und des DIN Deutsches Institut für Normung e.V. gegründet. Aufgabe des DEDIG ist die Förderung und Unterstützung des EDI in Deutschland.

FAQ

Frequently Asked Questions

Zusammenstellung der wichtigsten Fragen und ihrer Antworten zu einem bestimmten Thema. Tausende solcher FAQs aus allen Lebensbereichen sind im Internet verfügbar. FAQs sind kein Lexikon, sondern geben Antworten auf häufige Fragen aus der Praxis. Zusammen stellen sie einen riesigen Wissensfundus dar.

FYI

For Your Information

Vergleichbar mit FAQ, aber nicht als Frage- und Antwortschema.

GSM

Global System for Mobile Communication

Internationaler Standard für digitalen Mobilfunk. In Deutschland Basis für die D1-, D2- und das E-Netz.

HTML

HyperText Markup Language

Von SGML abgeleitete Seitenbeschreibungssprache für hypermediale Seiten im WWW.

HTTP

HyperText Transfer Protokoll

Protokoll zur Übertragung von Hypertext-Dokumenten. Mit „http://..." am Anfang eines Hypertext-URL zur Bestimmung des Protokolls anzugeben.

IP

siehe TPC/IP

IPP

Internet Presence Provider

Bietet Dienstleistungen zur Präsentation im Internet an.

IRC

Internet Relay Chat

Siehe Glossar „Relay Chat".

ISDN

Integrated Services Digital Network

Digitales Datennetz mit 64 KBit/s, das verschiedene Telekommunikationsdienste integriert.

ISP

Internet Service Provider

Betreibt Teilnetz im Internet, bietet Internet-Zugang.

IT

Informations-Technologie

IuK

Information und Kommunikation

LAN

Local Area Network

Lokales Netzwerk etwa zwischen den Computern eines Gebäudes.

MIME

Multipurpose Internet Mail Extensions

Internet-Standard zum Austausch von multimedialen E-Mails.

MUD

Multi-User-Dungeon (Mehr-Benutzer-Verlies)

Internet-Spiele für mehrere Benutzer, oft als virtuelle Städte aufgebaut.

OO

Objektorientiert, siehe Glossar Objektorientiert

PC

Personal Computer, persönlicher Computer

PDA

Personal Digital Assistent

Computer im Brieftaschenformat, der mit intelligenten Assistenzfunktionen ausgestattet ist.

PGP

Pretty Good Privacy

Leistungsfähiges Verschlüsselungsverfahren, das frei im Internet erhältlich ist.

PICS

Plattform for Internet Content Selection

Verfahren für das Internet, um Inhalte nach bestimmten Kategorien bewerten zu können. Damit sollen z.b. als jugendgefährdend eingestufte Inhalte indiziert werden können.

URL

Uniform Resource Locator

Aufbau: Protokoll://Domain/Datei

Die URL gibt eine Internet-Adresse an. Beispiel: http://www.bode.de/index.html.

Eine Domain kann in mehrere Unterdomains aufgeteilt werden, wie hier die Hauptdomain „de" (für Deutschland) mit der Domain „bode" und diese wieder in die Unterdomain „www" für die Website.

SGML

Standard Generalized Markup Language

Sprache zur Beschreibung von Texten. Zum Beispiel sind Auszeichnungen von Überschriften oder Kapiteln möglich, so daß die Textstruktur definiert und systemunabhängig übertragen werden kann. Die Definition von SGML war die Vorlage für die HTML.

TAE

Telekommunikations-Anschluß-Einheit

TCP/IP

Transmission Control Protokoll/Internet Protocol

Das TCP gewährleistet die Verbindung zwischen Sender und Empfänger (Verbindungsauf- und abbau, Sicherung der Verbindung) und teilt den Datenstrom in

Segmente auf. Jedes Segment erhält eine Blocknummer. Das IP sorgt dafür, daß jedes Datenpaket den richtigen Adressaten erreicht und paßt die TCP-Segmentgröße an die Paketgröße des Netzes an (Fragmentierung). TCP ist im ISO 7-Schichten-Modell auf der Transportebene angesiedelt, IP auf der Netzwerkebene.

TIME

Die Kombination von Telekommunikation, Informationstechnologie, Medien und Entertainment.

VR

Virtual Reality

VRML

Virtual Reality Modeling Language

Vergleichbar mit HTML; eine Sprache für dreidimensionale VR-Darstellungen.

WAN

Wide Area Network

Netzwerk, das überregional organisiert ist, etwa zwischen den Filialen eines Unternehmens.

WWW

World Wide Web, weltweites Geflecht

Multimediales Benutzersystem, das auf dem Internet aufsetzt. 1989 von Tim Berners-Lee am CERN (Europäische Organisation für Kernforschung, Genf) ursprünglich zur Verknüpfung von umfangreichen Dokumenten der in der ganzen Welt verstreuten kleinen Gemeinde von Hochenergiephysiker entwickelt.

Durch Verweise („Links") werden Dokumente miteinander verknüpft. Das WWW entspricht mit den Verweisen einer Konstruktionsweise, die im Programmieren als „Goto" bekannt ist. Der Technologiestand des WWW ist somit mit der Programmiersprache BASIC vergleichbar.

WYSIWYG

What You See Is What You Get (Was Du siehst, ist was Du bekommst)

Anzeige der Daten am Bildschirm so, wie sie im Ausdruck erscheinen.

Glossar

Algorithmus

Präzise Verarbeitungsvorschrift, die schrittweise abgearbeitet werden kann. Realisierung nicht nur als Computerprogramm, sondern es gibt auch viele Beispiele aus dem Alltag, etwa die Addition, Kochrezepte, Spielregeln oder eine Partitur.

Analog

Kontinuierlich, stetig. Werte werden entsprechend dem Vorgang selbst dargestellt, z.b. bei der Quecksilbersäule.

Backbone

Engl. Rückgrat. Zentrale Hochgeschwindigkeitsverbindungen, die das Rückgrat des Internet bilden.

Bandbreite

Breite einer Frequenz. Sie bestimmt die Anzahl Bits/Sec, die auf einer Übertragungsleitung möglich sind.

Batchbetrieb

Stapelbetrieb. Das System arbeitet Aufträge nach deren Erfassung unabhängig vom Benutzer einen nach dem anderen (vom Stapel) ab. Typisch ist die Beauftragung am Tage und die Abarbeitung in der Nacht. Batch steht im Gegensatz zum Dialogbetrieb. Batch und Dialog werden auch als Off- und Online-Bearbeitung charakterisiert.

Benchmarking

Durch standardisierte Tests werden beim Benchmarking die Leistungen von Computersystemen verglichen. Der Begriff Benchmarking wurde für Leistungsvergleiche von Unternehmen übernommen. Beispielsweise werden im Unternehmens-Benchmarking die Durchlaufzeiten für einen Geschäftsprozeß verglichen. Im Benchmarking werden nicht die Produkte und Dienste eines Unternehmens verglichen, sondern die Organisation der Unternehmen. Diese Vergleiche sollen Unternehmen helfen, Verbesserungspotentiale aufzuspüren.

Binary

Engl. Binär. Ein Element, das nur zwei Zustände annehmen kann, die vollständig voneinander abgegrenzt sind. Beispiele: 0/1, O/L, an/aus, offen/geschlossen, positiv/negativ, richtig/falsch. Ein bekanntes Binärsystem sind die Dualzahlen.

Browser

To browse, engl. blättern, stöbern. Programm zur Anzeige von Informationen. Verschiedene Funktionen erleichtern die schnelle Aufnahme des Textes, etwa die Anzeige nur der Kapitelüberschriften eines Textes oder die automatische Verzweigung bei Verweisungen. Normalerweise besteht keine Änderungsmöglichkeit, dazu sind ein Editor und die entsprechenden Zugriffsrechte erforderlich. Bekannte Internet-Browser sind der „Netscape Navigator" oder „Microsoft Internet Explorer".

Bus

Sammelleitung zur Datenübertragung innerhalb eines Computers zwischen den einzelnen Einheiten (Prozessor, Speicher, Ein- und Ausgabe).

Business Reengineering

Von Michael Hammer und James Champy in ihrem gleichnamigen Buch beschriebene Radikalkur für das Unternehmen. Statt Arbeitsteilung wird bei Business Reengineering die Arbeit prozeßorientiert organisiert. Die Arbeit wird nicht bestimmten Fachabteilungen zugeordnet, sondern den Prozeßteams. Generalisten übernehmen die Arbeit von Spezialisten. In diesem Buch wird die Gegenmeinung vertreten, daß das Prinzip der Arbeitsteilung sehr wohl weitergeführt und sogar ausgebaut wird. Der entscheidende Unterschied ist die marktorientierte Ausgestaltung der Koordination von Prozeß und Ressource. Im Business Reengineering erfolgt diese Koordination weiterhin durch feste Zuordnung zu einem Team. Verdienst von Hammer und Champy bleibt es, die Prozeßsicht in das Zentrum gestellt zu haben.

Chat

Engl. plaudern. Unterhaltung zwischen mehreren Personen im Internet.

Client-Server

Ein Server-Computer stellt definierte Leistungen zur Verfügung. Ein Client kann über eine Netzverbindung diese Leistungen in Anspruch nehmen. Beispielsweise ruft der Client von einem Archiv-Server Informationen aus dem Archiv ab.

Computer

To compute, engl. rechnen, berechnen; lateinisch computare. Rechenanlage, Rechner, Datenverarbeitungsanlage.

Cyberspace

Engl. kybernetischer Raum. Wortschöpfung von William Gibson in seinem Science-Fiction-Roman *Newromancer*.

Datei

Menge von Daten, die als Einheit betrachtet werden. Beispiele: Ein Text, die Sammlung von Adreßdaten (je Adresse ein Datensatz, alle Datensätze zusammen ergeben eine Adreßdatei) oder eine Grafik.

Daten

Lat. dare, gegeben; datum, das Gegebene. Vereinbarte Zeichen zur Darstellung eines Inhaltes. Aus „dem Gegebenen" macht der Mensch „Verstandenes", Information.

Datum

Singular von Daten. Zur Unterscheidung vom Begriff des Tagesdatums wird häufig der Begriff Datenelement verwendet.

Decoder

Ein Gerät oder Programm, das codierte Signale wieder in den ursprünglichen Zustand umwandelt, z.b. erstellt er aus digitalen Zahlenreihen wieder ein Fernsehbild.

Dialogbetrieb

Der Benutzer ist direkt mit dem System verbunden. Er vergibt Teilaufträge und erhält nach möglichst kurzer Zeit das gewünschte Ergebnis.

Digital

Lat. digitus, der Finger. Darstellung von abgestuften Werten in diskreten Zuständen. Grundlage der Digitalisierung ist eine geeignete Codierung. Gegensatz zu analog.

Dokument

Ursprünglich bezeichnet ein Dokument einen Text auf Papier. Heute spricht man von einem Dokument, das unabhängig vom Medium (Papier, Elektronik etc.) sowie von der Darstellungsform (Text, Bild, Ton) ist.

Domain

An das Internet sind viele Millionen Computer mit sehr vielen Teilnehmern angeschlossen. Diese müssen alle eine spezielle Adresse erhalten, damit sie sich gegenseitig Nachrichten (etwa E-Mails) schicken können. Diese numerischen Adressen werden in Namensbezeichnungen umgesetzt. Dazu sind sie in Bereiche, engl. domain, eingeteilt. Beispiel: Kanzler@Regierung.de. „de" steht für Deutschland (sogenannter Toplevel-Domain), „Regierung" würde für den Computer der Regierung stehen, und vor dem „@" steht die betreffende Person. „@" bedeutet „at", zusammen also „Kanzler bei der Regierung in Deutschland". Ggf. kann man noch Unter-Domains einbauen, etwa Kanzler@Kanzleramt.Regierung.de. Von links nach rechts ist die Hierarchie aufsteigend. Statt regionalen Domains sind in den USA auch thematische Domains üblich, etwa „edu" für Schulen und Universitäten.

Editor

Programm zur Bearbeitung von Texten, aber auch Grafiken, Ton oder anderen Darstellungsformen. Sogenannte WYSIWYG-Editoren (What You See Is What You Get) zeigen am Bildschirm die Daten so an, wie sie auf dem Ausgabegerät erscheinen.

Electronic-Mail

Elektronische Post, also Versand und Empfang per Computer erstellter Briefe von Computer zu Computer (ohne den Umweg über den Drucker). Typischerweise besteht eine E-Mail aus der E-Mail-Adresse des Absenders und Empfängers, dem Betreff (Subject), der Nachricht und, am Schluß, der Signatur, die dem Briefkopf und -fuß bei Papierbriefen entspricht. Unterschiedlichste abkürzende Schreibweisen, u.a. eMail, Email, E-Mail, email, sind gebräuchlich. Die Briefpost wird als Gegensatz zur E-Mail mit Snail-Mail (Schneckenpost) bezeichnet. Da die Elektronik zunehmend von der Optik als technische Basis verdrängt wird, müßte bald von O-Mail, optischer Post, gesprochen werden. Besser wäre es, von der technischen Basis zu abstrahieren und von D-Mail (digitaler Post) oder T-Mail (Tele-Post) zu sprechen.

Flaming

Engl. „rösten". Üble Beschimpfung während einer Telekonferenz. Aufgrund mangelnder sozialer Kontrolle kommt es in Teledialogen schneller zu verbalen Ausfällen.

Gateway

Verbindet unterschiedliche Netzwerke.

Hardware

Der materielle Teil eines Computers, also Bildschirm, Speicher, Gehäuse, Prozessor, Tastatur, Drucker etc. Gegensatz von Software, den Programmen.

Homepage

Titelseite eines WWW-Angebotes. Das gesamte Angebot einer Organisation nennt man eine Website.

Hyperlink

Auch kurz nur Link. Verweis in einem Dokument auf eine anderes. Eigentlich müßte es Verknüpfung heißen. Wegen der im WWW üblichen asymmetrischen Verknüpfung hat sich die Bezeichnung „Verweis" eingebürgert. Durch Auslösen des Links

(„Anklicken des verweisenden Objektes mit der Maus") wird vom Browser automatisch auf das verwiesene („gelinkte") Dokument verzweigt.

Hypertext

1945 erste Ideen von Vannevar Bush. 1965 von Ted Nelson (Projekt Xanadu) geprägter Begriff. Texte werden durch Verweise miteinander verknüpft. Anfang der 90er Jahre erfolgte der Durchbruch mit dem WWW, entwickelt von Tim Berners-Lee.

Impulswahl

siehe Tonwahl.

Infobahn

Zusammenziehung von „Information Autobahn", einer Übersetzung aus dem amerikanischen „Information Highway". Die Metapher der Autobahn ist etwas unglücklich, wenn auch sehr einprägsam, gewählt. Die Linearität einer Bahn ist konträr zum Netzwerk. Sachlich besser wäre vielleicht die Bezeichnung „Telenetz".

Informatik

1957 in der Datenverarbeitung bei dem Versandhaus Quelle erstmals erwähnter Begriff. Ende der 60er Jahre aus der sich entwickelnden Datenverarbeitung geschaffene Disziplin. Wissenschaft von der Verarbeitung und Übertragung von Information, besonders die systematische und automatisierte Durchführung mittels digitaler Rechenanlagen. Als Studiengang gliedert sie sich in theoretische, praktische, technische und angewandte Informatik. Wegen der wachsenden Bedeutung der Informatik in vielen Bereichen gilt die Informatik inzwischen als Grundlagenfach für andere Disziplinen. So haben sich auch Teildisziplinen zu eigenständigen Studiengängen herausgebildet, u. a. die Wirtschafts-, Rechts-, Umwelt- und Medieninformatik. Im Englischen wird die Informatik als „computer science" bezeichnet.

Information

Lat. informatio, die Belehrung, Bildung. Laut Norbert Wiener (Begründer der Kybernetik) ist Information neben Materie und Energie die dritte fundamentale Größe der Welt. Der Österreicher Wiener definierte den Begriff Information 1948 als solch eigenständige Größe: „Information ist Information, weder Stoff noch Energie." Information ist nicht mit dem Träger der Information gleichzusetzen. Nicht die Kreide ist die Information, auch nicht die Bewegung beim Schreiben, sondern der von der Kreide getragene Inhalt.

Der deutsche Physiker und Philosoph Carl Friedrich von Weizsäcker führt aus: „Information ist, was verstanden ist", was „in einer Form" ist. Information wird also erst dadurch zu einer Information, indem ein Mensch deren Bedeutung versteht. Dies schließt nicht aus, daß eine Maschine Daten sinnvoll verarbeitet, aber eben nur weil der menschliche Programmierer die Bedeutung der Daten(-struktur) kennt. Der Prozeß des Verstehens erzeugt selbst wieder Information, also, so von Weizsäcker, ist Information die Erzeugung von Information.

Eine allgemein akzeptierte Theorie der Information, wie auch eine Theorie der Informatik, ist bis heute nicht begründet. Die Informationstheorie erfüllt diese Anforderung nicht.

Internaut

Zusammengesetzt aus Internet und Astronaut/Kosmonaut. Reisender im Cyberspace.

Internet

Internationales Computernetzwerk, das 1996 aus mehreren Tausend Teilnetzen, vielen Millionen angeschlossenen Computern und ca. 50 Millionen Benutzern besteht. Hervorgegangen aus dem ARPAnet.

Intranet

Ein Internet innerhalb einer Einheit, etwa eines Unternehmens. D.h. die Techniken des Internet werden innerhalb eines Unternehmens eingesetzt.

ISO 7-Schichten-Modell

International standardisiertes Modell zur Kommunikation technischer Anlagen. Definiert in 7 Schichten, wobei jede Schicht auf der darunterliegenden aufbaut. Jede Schicht verfügt dazu über präzise definierte Schnittstellen. Je höher die Schicht, desto höherwertig ist die Kommunikationsstruktur. Eine inhaltliche Strukturierung gehört nicht zur Aufgabe des Modells. Das Schichten-Modell stellt auch nur den Rahmen für die Kommunikationsprotokolle zur Verfügung. Wie spezielle Protokolle das Modell umsetzen, gibt dieses nicht vor. Viele Kommunikationsprotokolle orientieren sich an diesem Modell, wenn es auch in der Praxis nicht immer vollständig umgesetzt wird, bzw. umgesetzt werden kann.

1. Physikalische Schicht: Aufbau der physikalischen Verbindung, Bitstrom.
2. Verbindungsschicht: Steuerung der Leitung und Fehlerbehandlung.
3. Netzwerkschicht: Auf- und Abbau der Verbindung, korrekte Adressierung, ggf. Paketierung, z.B. mit dem Übertragungsprotokoll IP.
4. Transportschicht: Datenaustausch zwischen Programmen, Kontrolle der Vollständigkeit der Information, z.B. mit dem Protokoll TCP.
5. Sitzungsschicht: Ablauf der Kommunikation regeln, z.B. Dialog.
6. Darstellungsschicht: Umsetzung der Präsentation (Grafik, Text).
7. Anwendungsschicht: Kommunikation der Anwendungen, z.B. Kontobuchung.

Java

Programmiersprache der Firma SUN, die über besonders ausgeprägte Möglichkeiten zur Darstellung animierter Netzobjekte (Dynamik), zur Interaktion und zur Netzsicherheit verfügt. Mit Java erstellte Software ist unabhängig von der Plattform (Hardware, Betriebssystem). Durch die starke Modularisierung können bei Bedarf Programmteile über Netze wie das Internet nachgeladen werden – verteilte Software on Demand. Die Integrationsmöglichkeit in WWW-Dokumente erweitert die multimediale Dokumentation um die ablauforientierten Software-Programme.

Link

siehe Hyperlink.

Kompatibilität

Gleichwertige Schnittstelle von zwei oder mehr Geräten oder Programmen, damit Austauschbarkeit dieser. Beispiel: Ein Bildschirm hat dieselbe Schnittstelle wie ein anderer, d.h. ist kompatibel, allerdings größer. Der kleine kann durch diesen größeren ersetzt werden, ohne daß die ganze Anlage ausgetauscht oder verändert werden müßte.

Kompression

Daten können durch spezielle Verfahren in ihrem Umfang reduziert werden, ohne daß der Inhalt verlorengeht. Beispiel: Aufeinanderfolgende Pixel gleicher Farbe in einem Bild werden zusammengefaßt zu einem Wert aus Farbe und Anzahl der Pixel. Oder bei Video werden nur die Änderungen zwischen zwei Bildern übertragen. Kompressionsverfahren sind vor allem im Multimediabereich zur wirtschaftlichen Datenübertragung sehr erfolgreich und unerläßlich.

Konvergenz

Bezeichnet das Verschmelzen von Providern verschiedener Bereiche (Inhalt, Service, Technik) zu einem, die Verschmelzung verschiedener Techniken unter einer, wie sie das WWW darstellt, oder das Zusammenwachsen von Geräten wie dem PC und dem TV. Konvergenz ist mehr oder weniger ein anderes Wort für Integration. Konvergenz bezeichnet mehr den Weg, Integration mehr das Ziel. Der Konvergenzdruck zwingt zur Kooperation, da einer allein nicht alles kann.

Künstliche Intelligenz

Computerprogramme, die typische Leistungen höherentwickelter intelligenter Lebewesen ausführen können. Dazu gehört zum Beispiel das Erkennen von Mustern oder die Beurteilung von Sachverhalten. Technisch wird intelligentes Verhalten durch Wenn-Dann-Regeln realisiert. „WENN es regnet, DANN wird es naß." Viele solcher Regeln können dann automatisch miteinander kombiniert werden.

Kybernetik

Griech. Kybernetike, Steuerkunde; engl. Cybernetics. Von Norbert Wiener 1948 begründete interdisziplinäre Wissenschaft für Regelungsprozesse, Systemsteuerung und Kommunikation in Technik, bei Organismen und in Gesellschaften. Schon im Altertum von Platon verwendeter Begriff, der die Kunst des Steuerns beschreibt.

Legacy

Engl. Vermächtnis, Altlast. Bezeichnung für alte Software-Systeme, die aufgrund ihrer Größe kaum ersetzbar sind, aufgrund ihres Alters aber auch nur schwer zu warten.

Multimedia

Multi- lat. viel; medium, lat. das in der Mitte Befindliche. Ein Medium ist in der Kommunikation das zwischen Sender und Empfänger vermittelnde Element. Man spricht von Mediatisierung, wenn zwischen die menschliche Kommunikation ein technisches Mittel geschaltet wird. Multimedia bezeichnet die gleichzeitige Präsentation mit verschiedenen Medien.

Modem

Zusammenziehung von MOdulator-DEModulator. Setzt digitale Daten in analoge um (Modulation) und umgekehrt (Demodulation).

Monitor

Allgemein: Funktionseinheit zur Betrachtung und Beobachtung. Typischerweise ist damit ein Bildschirm gemeint. Ein Software-Monitor kann aber zum Beispiel auch bestimmte Abläufe beobachten und Meßwerte auswerten und kontrollieren.

Nachhaltigkeit

Im 18. Jahrhundert innerhalb der deutschen Forstwissenschaft entstandener Grundsatz der Forstbewirtschaftung. Grundidee: „Nur soviel ernten, wie nachwächst." In jüngerer Zeit wird diese Idee als Grundlage aller erneuerbaren Naturressourcen angestrebt. Auf der ökonomischen Seite sind die Vorteile eine stetige Leistungsverfügbarkeit, Kostenwegfall für Erschließung neuer Quellen und die Möglichkeit der schrittweisen Qualitätsverbesserung.

Nachricht

Eine endliche Folge von Zeichen. Ihre Bedeutung erhält die Nachricht erst durch die Interpretation.

Netiquette

Verhaltensregeln, die sich die Internet-Teilnehmer selbst geben, um eine reibungslose Kommunikation zu ermöglichen.

Newbies

Die Neulinge im Internet.

Newsgroup

Diskussionsforen im Usenet, einer Anwendung des Internet.

Objektorientiert

Das Programmier-Paradigma der 90er Jahre. Bei der Objektorientierung werden Funktionen für einen Objekttyp in einem Modul zusammengefaßt und über eine Schnittstelle nach außen zur Verfügung gestellt. Darüber hinaus können von einem Objekttyp weitere Objekte abgeleitet werden, so vom Objekt Fahrzeug die Objekte Auto oder Fahrrad. Diese Objekte übernehmen („erben") dabei die Funktionalität des Stammobjektes und können diese Basisfunktionalität ergänzen. Das richtige Design solcher Objekte entscheidet über den Erfolg eines Projektes. Vorteile der objektorientierten Methode sind die wesentlich einfachere Wartung der Software und die Möglichkeit zur Wiederverwendung von Software in anderen Projekten – alles dank der Schnittstellen.

Offline
siehe Online.

Online

Beim Telefon hat man üblicherweise eine direkte Leitungsverbindung zum Kommunikationspartner. Dies bezeichnet man als Online. Die Kommunikation erfolgt ohne jede Verzögerung. Mit einem Brief über die Post kommuniziert man dagegen ohne direkte Verbindung, also Offline. Entsprechendes gilt für Computer. Wird eine direkte Verbindung über Leitungen genutzt, so spricht man von einer Online-Verbindung, andernfalls von Offline.

Online-Dienst

Bietet ein eigenes Informations- und/oder Unterhaltungsangebot über Telekommunikation an. Zunehmend integrieren Online-Dienste ihr Angebot in das Internet.

Pareto-Regel

Die Regel besagt, daß 80% des Aufwandes für nur 20% der Leistung verwendet wird. Vilfredo Pareto (1848-1923) war ein italienischer Nationalökonom.

Peer-to-Peer

Symmetrische Organisation eines Netzwerkes von gleichrangigen und gleichberechtigten Computern. Im Gegensatz dazu die asymmetrischen Netze Terminal-Host und Client-Server.

Pixel

Abkürzung für englisch PICture ELement. Wenn man eine Matrix über ein Bild legt, entspricht jedes Kästchen der Matrix einem Pixel. Die ganze Matrix wird auch als Bit-Map bezeichnet.

Programm

Realisierung von Algorithmen und Definition der benötigten Daten, so daß das Programm auf einer Rechenanlage ablaufen kann.

Programmiersprache

Der Befehlsumfang von Mikroprozessoren ist in der Regel sehr primitiv (Grundrechenarten, Transportbefehle für Daten, logische Funktionen, einfache Datenmanipulationsfunktionen). Zur Programmiererleichterung haben sich viele Programmiersprachen entwickelt, die höherwertige Funktionen und Programmierstrukturen auf Basis von Prozessorfunktionen zur Verfügung stellen. Leistungsfähige Programmiersprachen und zugehörige Entwicklungsumgebungen beschleunigen den Entwicklungsprozeß von Software um ein Vielfaches.

Proprietät

Veraltet für Eigentumsrecht. Als proprietär werden Systeme eines Herstellers bezeichnet, die kaum Schnittstellen zu denen anderer Hersteller haben. Ziel ist es den eigenen Kunden den Weg zu Fremdprodukten zu versperren. Als Gegenbewegung setzen sich offene Systeme nach einiger Zeit durch. Häufig ist es so, daß nach Öffnung und Standardisierung auf einer Schicht, der Kampf um Kunden und Standards auf der darüberliegenden Schicht neu beginnt.

Protokoll

Üblicherweise die Mitschrift von Gesprächen. Im technischen Zusammenhang sind aber die Verfahren und Regeln für die Kommunikation gemeint.

Provider

Dienstleister, der eine bestimmte Leistung anbietet. Man spricht u.a. von Service Providern (Handel, Hersteller etc.) oder Content Provider (Verlage, Produzenten). Siehe auch Abkürzungen IPP und ISP.

Relay Chat (RC)

Auf bestimmten „Kanälen" können sich an einen RC-Computer angeschlossene Personen über Computer „unterhalten", sei es in Gruppen oder zu zweit. Eingaben werden dazu in der Reihenfolge der Eingabe allen Teilnehmern angezeigt. Jeder Benutzer kann sich ein Pseudonym geben („Nickname"). Das Internet Relay Chat (IRC) ist eine spezielle Form der RC für das Internet.

Schnittstelle

Definition der von außen nutzbaren Größen und Funktionen. Der englische Begriff „Interface" deutet mehr das Verbindende an, das deutsche Wort mehr das Trennende.

Set-Top-Box

Setzt die digitalen TV-Programme für die analogen Fernsehgeräte um. Außerdem dient die Box der Abrechnung und kann über einen Rückkanal (Inter-)Aktionen des Zuschauers weiterleiten.

Site

Auch Web-Site. Das WWW-Informationsangebot eines Anbieters.

Smiley

Aus Textzeichen zusammengesetztes Gesicht. Beispielsweise bedeutet :-) ein lachendes Gesicht, wenn man es um 90° gedreht liest. Mit diesen Smileys sollen Emotionen ausgedrückt werden.

Software

Die Programme eines Computersystems. Sie sind als Binärdaten zwar materiell gespeichert, ihre Bedeutung hat aber immaterielle Qualitäten, vergleichbar mit dem Inhalt eines Textes und der materiellen Fixierung durch Druckerschwärze.

Software-Engineering

1968 entstandene Disziplin, die Methoden zur ingenieurmäßigen Erstellung von großen Software-Systemen entwickelte. Dazu gehören Phasenmodell, Projektplanung und Dokumentation.

Taylorismus

Der amerikanische Ingenieur Frederick Winslow Taylor entwickelte die auf genauen Zeit- und Arbeitsuntersuchungen beruhende und nach ihm benannte wissenschaftliche Betriebsführung. Er trennte geistige (Planung) und körperliche (Produktion) Arbeit. Durch die Reduzierung überflüssiger Bewegungen und die Festlegung eines Arbeiters auf wenige perfektionierte Handgriffe strebt der Taylorismus die Steigerung der Produktivität an. Taylors Prinzipien wandte Henry Ford 1913 auf die

Automobilproduktion an und erschuf in Detroit die Fließbandfertigung mit exakten Arbeitstakten. Der Taylorismus war das erfolgreichste Organisationskonzept der Wirtschaftsgeschichte und setzte das Prinzip der Arbeitsteilung im Kleinen (Fließband) um. Im Großen basiert die Arbeitsteilung auf dem Kunden-Lieferanten-Verhältnis. Ursprünglich hat Adam Smith 1776 in *Der Wohlstand der Nationen* die Prinzipien der Arbeitsteilung und Marktwirtschaft dargelegt. Üblicherweise wird aber von Taylorismus gesprochen, wenn die arbeitsteilige, spezialisierende Unternehmensorganisation gemeint ist. Mit der Kundenorientierung wird die Aufteilung der Kunden gegenüber der Aufteilung von Arbeit in den Vordergrund gerückt. Virtuelle Organisationen versuchen, beides zu integrieren.

Telematik

Kunstwort aus Telekommunikation und Informatik. Steht für das Zusammenwachsen dieser beiden Bereiche.

Tonwahl

Es gibt zwei Wahlverfahren des analogen Telefons:

a) Impulswahl: Die Anzahl der Wählimpulse bestimmt die Wählziffer.

b) Tonwahl: Jeder Ziffer wird eine andere Tonhöhe zugeordnet.

Die Tonwahl ist das modernere Verfahren.

Transaktion

In der Informatik ist eine Transaktion die kleinste in sich geschlossene Einheit eines Auftrages an ein Computersystem. In der Wirtschaft ist es der Austausch einer Leistung.

Transistor

Abkürzung für TRANSconductance resISTOR. Mit einem kleinen Steuerstrom kann ein größerer Strom gesteuert werden. Eine Schaltung aus Transistoren (TTL: Transistor-Transistor-Logic) kann logische Funktionen implementieren. Damit wurde der 1947 in den Bell-Laboratories des Telekommunikationsunternehmens AT&T entwickelte Transistor nicht nur Grundbaustein für die elektronischen Vermittlungssysteme und Radios, sondern für die gesamte Computerentwicklung.

Wissen

Eine Definition von Wissen zu liefern ist noch schwieriger als eine von Information, wurde und wird aber dennoch häufig versucht. Der Autor definiert Wissen = Information + Raum + Zeit. Im Raumbegriff kommt das Verbindende zum Tragen. Hypersysteme spannen durch die vielen Verknüpfungen einen Informationsraum auf. Im Gehirn wird Information durch Verbindung mit anderer Information verstanden. Weiter ist es ein Grundtenor dieses Buches, daß die verknüpfende Strukturierung von Information eine der zentralen Aufgaben der Informationsgesellschaft ist. Das Schaffen von Verknüpfungen drückt auch den Kommunikationsaspekt und die Kontextabhängigkeit aus. Der Zeitbegriff steht für das Verändern von Information. Raum und Zeit stehen auch für den Sozial- und Kulturbezug. Wissen wird in sozialen Beziehungen geschaffen und durch Kulturen über die Zeit weitergegeben.

Wizard

Engl. Magier. Intelligentes Programm zur einfachen, interaktiven Erstellung von Spezial-Anwendungen.

Workflow

Bezeichnet die Programmierung und Organisation von Geschäftsprozessen. Eine Aufgabe ist die zentrale Instanz von Workflow-Systemen.

Workgroup

Systeme zur Unterstützung von Gruppenarbeit. Im Gegensatz zum Workflow, bei dem die Sachbearbeiter mehr als Erfüllungsgehilfen einer Aufgabe betrachtet werden, dienen Workgroup-Systeme der Unterstützung der beteiligten Personen und ihrer Zusammenarbeit. Die Workgroup-Software wird als Groupware bezeichnet.

Maßeinheiten

Die Datenspeicherkapazität wird üblicherweise in Byte gemessen, die Übertragsgeschwindigkeit in Bit/sec. Die Übertragungsgeschwindigkeit wird häufig mit der physikalische Signalgeschwindigkeit „Baud" verwechselt, besonders dann, wenn diese wertmäßig identisch sind. Für die Anwendung ist einzig die Übertragungsgeschwindigkeit interessant. 1 Byte ist die Zusammenfassung von 8 Bit; 1 Bit (BInary digiT) ist eine binäre Ziffer 0 oder 1. Dies war ein beim Bau der IBM System/360 getroffener Kompromiß zwischen den bis dahin bitorientierten wissenschaftlichen und den dezimalorientierten kaufmännischen Computern.

2^{10} Byte = 1 Kilobyte (KB) (= 1.024 Byte)

2^{20} Byte = 1 Megabyte (MB) (= 1.024 Kilobyte = 1.048.576 Byte)

2^{30} Byte = 1 Gigabyte (GB)

2^{40} Byte = 1 Terabyte (TB)

2^{50} Byte = 1 Petabyte (PB)

2^{60} Byte = 1 Exabyte (EB)

Bei der Übertragungsgeschwindigkeit werden die Bits nicht zu Bytes zusammengefaßt (Achtung: Verwechslungsgefahr!), es gilt daher entsprechend

2^{10} Bit = 1 Kilobit (KBit) (= 1.024 Bit)

2^{20} Bit = 1 Megabit (MBit) (= 128 KByte)

2^{30} Bit = 1 Gigabit (GBit) (= 128 MByte)

2^{40} Bit = 1 Terabit (TBit) (= 128 GByte)

2^{50} Bit = 1 Petabit (PBit)

2^{60} Bit = 1 Exabit (EBit)

Codes

ASCII-Code

ASCII steht für American Standard Code for Information Interchange. Als 7-Bit-Code dient er der Darstellung von Zeichen, Ziffern und Steuerzeichen. Das achte Bit fungiert als Prüfbit (Parity Bit). Als der Code außerhalb der USA verwendet wurde, hat man dieses achte Bit zur Darstellung der jeweiligen nationalen Zeichen zweckentfremdet.
Beispiel: Die Nummer 65, digital 100 0001, ist der Code für das „A". Die Zeichen mit den Nummern 0–31 und 127 sind Steuerzeichen. 127 = DELete etwa löscht das letzte Zeichen.

Binär	Dezimal	Zeichen	Beschreibung
000 0000	0	NUL	Nil (Nichts)
000 0001	1	SOH	Start of Heading (Kopfanfang)
000 0010	2	STX	Start of Text (Textanfang)
000 0011	3	ETX	End of Text (Textende)
000 0100	4	EOT	End of Transmission (Ende der Übertragung)
000 0101	5	ENQ	Enquiry (Stationsaufforderung)
000 0110	6	ACK	Acknowledge (positive Bestätigung)
000 0111	7	BEL	Bell (Klingel)
000 1000	8	BS	Backspace (Eine Position rückwärts)
000 1001	9	HT	Horizontal Tabulation (horizontaler Tabulator)
000 1010	10	LF	Line Feed (Zeilenvorschub)
000 1011	11	VT	Vertical Tabulation (vertikaler Tabulator)
000 1100	12	FF	Form Feed (Formularvorschub)
000 1101	13	CR	Carriage Return (Wagenrücklauf)
000 1110	14	SO	Shift out (Umschaltung)
000 1111	15	SI	Shift in (Rückschaltung)
001 0000	16	DLE	Data Link Escape (Datenübertragung Umschaltung)
001 0001	17	DC1	Device Control 1 (Steuerung Gerät 1)
001 0010	18	DC2	Device Control 2 (Steuerung Gerät 2)
001 0011	19	DC3	Device Control 3 (Steuerung Gerät 3)
001 0100	20	DC4	Device Control 4 (Steuerung Gerät 4)
001 0101	21	NAK	Negative Acknowledge (negative Bestätigung)
001 0110	22	SYN	Synchronous Idle (Synchronisation)
001 0111	23	ETB	End of Transmission Block (Ende des Übertragungsblocks)
001 1000	24	CAN	Cancel (Ungültig)
001 1001	25	EM	End of Medium (Aufzeichnungsende)
001 1010	26	SUB	Substitute Character (Substitution)
001 1011	27	ESC	Escape (Umschaltung)
001 1100	28	FS	File Separator (Dateitrenner)
001 1101	29	GS	Group Separator (Gruppentrenner)

Binär	Dezimal	Zeichen	Beschreibung
001 1110	30	RS	Record Separator (Satztrenner)
001 1111	31	US	Unit Separator (Elementtrennter)
010 0000	32		Leerzeichen
010 0001	33	!	Ausrufungszeichen
010 0010	34	"	Anführungszeichen
010 0011	35	#	Doppelkreuz
010 0100	36	$	Dollarzeichen
010 0101	37	%	Prozentzeichen
010 0110	38	&	kaufmännisches Und
010 0111	39	'	Apostroph
010 1000	40	(	runde öffnende Klammer
010 1001	41	)	runde schließende Klammer
010 1010	42	*	Stern
010 1011	43	+	Additionszeichen
010 1100	44	,	Komma
010 1101	45	-	Minus
010 1110	46	.	Punkt
010 1111	47	/	Schrägstrich
011 0000	48	0	Ziffer 0
011 0001	49	1	Ziffer 1
011 0010	50	2	Ziffer 2
011 0011	51	3	Ziffer 3
011 0100	52	4	Ziffer 4
011 0101	53	5	Ziffer 5
011 0110	54	6	Ziffer 6
011 0111	55	7	Ziffer 7
011 1000	56	8	Ziffer 8
011 1001	57	9	Ziffer 9
011 1010	58	:	Doppelpunkt
011 1011	59	;	Semikolon
011 1100	60	<	Zeichen für „kleiner"
011 1101	61	=	Zeichen für „gleich"
011 1110	62	>	Zeichen für „größer"
011 1111	63	?	Fragezeichen
100 0000	64	@	kaufmännisches A
100 0001	65	A	Großbuchstabe A
100 0010	66	B	Großbuchstabe B
100 0011	67	C	Großbuchstabe C
100 0100	68	D	Großbuchstabe D
100 0101	69	E	Großbuchstabe E
100 0110	70	F	Großbuchstabe F
100 0111	71	G	Großbuchstabe G
100 1000	72	H	Großbuchstabe H
100 1001	73	I	Großbuchstabe I
100 1010	74	J	Großbuchstabe J
100 1011	75	K	Großbuchstabe K
100 1100	76	L	Großbuchstabe L
100 1101	77	M	Großbuchstabe M
100 1110	78	N	Großbuchstabe N

Binär	Dezimal	Zeichen	Beschreibung
100 1111	79	O	Großbuchstabe O
101 0000	80	P	Großbuchstabe P
101 0001	81	Q	Großbuchstabe Q
101 0010	82	R	Großbuchstabe R
101 0011	83	S	Großbuchstabe S
101 0100	84	T	Großbuchstabe T
101 0101	85	U	Großbuchstabe U
101 0110	86	V	Großbuchstabe V
101 0111	87	W	Großbuchstabe W
101 1000	88	X	Großbuchstabe X
101 1001	89	Y	Großbuchstabe Y
101 1010	90	Z	Großbuchstabe Z
101 1011	91	[	eckige öffnende Klammer
101 1100	92	\	inverser Schrägstrich
101 1101	93	]	eckige schließende Klammer
101 1110	94	^	Zirkumflex
101 1111	95	_	Unterstrich
110 0000	96	`	Gravis (Betonungszeichen)
110 0001	97	a	Kleinbuchstabe a
110 0010	98	b	Kleinbuchstabe b
110 0011	99	c	Kleinbuchstabe c
110 0100	100	d	Kleinbuchstabe d
110 0101	101	e	Kleinbuchstabe e
110 0110	102	f	Kleinbuchstabe f
110 0111	103	g	Kleinbuchstabe g
110 1000	104	h	Kleinbuchstabe h
110 1001	105	i	Kleinbuchstabe i
110 1010	106	j	Kleinbuchstabe j
110 1011	107	k	Kleinbuchstabe k
110 1100	108	l	Kleinbuchstabe l
110 1101	109	m	Kleinbuchstabe m
110 1110	110	n	Kleinbuchstabe n
110 1111	111	o	Kleinbuchstabe o
111 0000	112	p	Kleinbuchstabe p
111 0001	113	q	Kleinbuchstabe q
111 0010	114	r	Kleinbuchstabe r
111 0011	115	s	Kleinbuchstabe s
111 0100	116	t	Kleinbuchstabe t
111 0101	117	u	Kleinbuchstabe u
111 0110	118	v	Kleinbuchstabe v
111 0111	119	w	Kleinbuchstabe w
111 1000	120	x	Kleinbuchstabe x
111 1001	121	y	Kleinbuchstabe y
111 1010	122	z	Kleinbuchstabe z
111 1011	123	{	geschweifte öffnende Klammer
111 1100	124	|	senkrechter Strich
111 1101	125	}	geschweifte schließende Klammer
111 1110	126	‾	Überstrich
111 1111	127	DEL	Delete (Löschen)

EBCDIC

EBCDIC ist die Abkürzung für Extended Binary Coded Decimal Interchange Code. Dieser 8-Bit-Code hat vergleichbare Aufgaben wie ASCII und wird vor allem bei Großrechnern eingesetzt. Er verfügt im Gegensatz zu ASCII standardgemäß über nationale Sonderzeichen.

Adressen von Online-Diensten

America Online (AOL)

Wichtigste Angebote: Information und Unterhaltung der großer Mediengesellschaften (z.B. Nachrichten, Magazine, Reiseinformation). Der Bereich Homebanking ist im Aufbau begriffen.

AOL Bertelsmann Online GmbH&CoKG
Stubbenhuk 3, 20459 Hamburg
Tel: (0180) 52 22-0,
E-Mail: Interesse@aol.com, Internet: http://germany.web.aol.com

Preise: 9,90 DM Grundgebühr/Monat, 2 Freistunden/Monat,
6,- DM/weitere Stunde.

Die Kunden können eigene Nachrichten und WWW-Seiten hinzufügen.

Statistik: 6 Millionen Benutzer weltweit, in Deutschland nach einem halben Jahr 100.000.

CompuServe

Wichtigste Angebote: Informationen und Software rund um den Computer, zahlreiche Firmen und Behörden mit aktuellen Informationen, Jobmärkte.

CompuServe GmbH
Hauptstraße 42, 82008 Unterhaching
Tel: (0130) 37 32, Internet: http://www.compuserve.de

Preise: 9,95 US-Dollar/Monat, 5 Freistunden/Monat,
2,95 US-Dollar/weitere Stunde.

Die Kunden können eigene Nachrichten und WWW-Seiten hinzufügen.

Statistik: 5 Millionen Benutzer weltweit, 250.000 in Deutschland.

Microsoft Network (MSN)

Wichtigste Angebote: Online-Lexika, Microsoft-Support

Microsoft GmbH
Edisonstraße 1, 85716 Unterschleißheim
Tel: (0130) 81 44 79, Internet: http://www.msn.com

Preise: 12,- DM Grundgebühr/Monat, 2 Freistunden/Monat,
6,- DM/weitere Stunde. Alternativ 49,- DM/Monat ohne Stundenberechnung. Verbilligtes Jahresabo (119,- DM bzw. 499,- DM).

Statistik: über 1 Mio. Benutzer weltweit.

T-Online

Wichtigste Angebote: Homebanking, Homeshopping, Adreßbücher (auch international), Börseninformationen, Datenbanken, Touristik, Fahr- und Flugpläne.

Deutsche Telekom AG
8903 Ulm, Tel: (0130) 0190, Fax: (0731) 1 00 45 65,
E-Mail: Hotline@T-Online.de

Preise: 8,- DM Grundgebühr/Monat ohne Freistunden,
3,60 DM/Stunde (18-6 Uhr und Wochenende 1,20 DM),
für die Internet-Nutzung 3,- DM/Stunde.

Statistik: 1,15 Mio. Anschlüsse, 2.900 Anbieter mit fast 1 Mio. Seiten, 24 Mio. Anrufe/Monat also 21 Anrufe pro Anschluß (Stand 6/1996). Abfragen beispielsweise von Zugverbindungen der Deutschen Bahn AG 500.000/Monat.

Adressen von Internet-Providern

Nachfolgend sind die bekanntesten und größten Internet-Provider in Deutschland aufgeführt. Neben weiteren lokalen Anbietern treten die großen Informatikkonzerne ebenfalls in Erweiterung ihres bisherigen Kommunikationsservices als Provider auf. Darüber hinaus nutzen branchenfremde Unternehmen wie Handelshäuser oder Banken die Providerfunktion als neuen Vertriebsweg.

CSL

Nur in Nordrhein-Westfalen vertreten.

CSL Computer Service Langenbach GmbH
Schlickumer Weg 36, 40699 Erkrath
Tel: (02104) 9 38 50, Fax: (02104) 93 85 55
E-Mail: info@csl-gmbh.net, Internet: http://www.csl-gmbh.net/

ECRC

Gemeinsames Tochterunternehmen von Bull, ICL und Siemens.

ECRC GmbH
Arabellastraße 17, D-81925 München
Tel: (089) 9 26 99-0, Fax: (089) 9 26 99-170
E-Mail: internet@ecrc.de, Internet: http://www.ecrc.de

EUnet

Spin-Off der Universität Dortmund. Aufgekauft von CNI, einer gemeinsame Tochter der Deutschen Bank und Mannesmann. Einer der größten deutschen Provider.

EUnet GmbH
Emil-Figge-Str. 80, D-44227 Dortmund
Tel: (0231) 9 72 00, Fax: (0231) 9 72 11 11
E-Mail: info@Germany.EU.net,
Internet: http://www.germany.EU.net

GTN

Verbindungsnetz zahlreicher kleinerer Anbieter.

GTN,
Gesellschaft für Telekommunikations- und Netzwerkdienste mbH
Bismarckstr. 142a, D-47057 Duisburg
Tel: (0203) 30 93-100, Fax: (0203) 3 06-1705
E-Mail: info@gtn.com, Internet: http://www.contrib.net

Individual Network

Verein privater Mailboxbetreiber. Rein privates Netz.

Individual Network e.V.
Scheideweg 65, D-26121 Oldenburg
Tel: (0441) 9 80 85 56, Fax: (0441) 9 80 85 57
E-Mail: in-info@individual.net,
Internet: http://www.rhein.de/IN/index.html

IS Internet Services

Auf Initiative und Förderung der Stadt Hamburg als MAZ Internet Service GmbH
entstanden. Aus diesem wurde 1996 ein Provider unter dem Namen Internet Services
ausgegründet und von Thyssen mehrheitlich übernommen.

IS Internet Services GmbH & Co.
Harburger Schloßstr. 6-12, D-21079 Hamburg (Harburg)
Tel: (040) 7 66 29-1623, Fax: (040) 7 66 29-507
E-Mail: info@maz.net, Internet: http://www.maz.net

Nacamar

Nacamar Data Communications GmbH
Frankfurter Str. 141, D-63303 Dreieich
Tel: (06103) 9 69-0, Fax: (06103) 9 69-127
E-Mail: info@nacamar.de, Internet: http://www.nacamar.de

NTG

NTG Netzwerk und Telematic GmbH, Geschäftsbereich Xlink
Vincenz-Prießnitz-Str.3, D-76131 Karlsruhe
Tel: (0721) 96 52-0, Fax: (0721) 96 52-210
E-Mail: info@xlink.net, Internet: http://www.xlink.net/

roka

Vormals TOPNET.

roka EDV- und Datenkommunikationsgesellschaft mbH
Elbestr. 25, D-47800 Krefeld
Tel: (02151) 49 75-10, Fax: (02151) 49 75-32
E-Mail info@raka.de, Internet: http://www.roka.net/

SpaceNet

1993 gegründet, spezialisiert auf Internet und Satellitenkommunikation. Anschluß
nur in München möglich.

SpaceNet GmbH
Frankfurter Ring 193a, D-80807 München
Tel: (089) 32 46 83-0, Fax: (089) 32 46 83-51
E-Mail: info@Space.NET, Internet: http://www.space.net

sub-Netz

sub-Netz e.V.
Verein zur Förderung der privat betriebenen Datenkommunikation
Postfach 6564, D-76045 Karlsruhe
Tel: (0721) 69 94 78, Fax: (0721) 66 19 37
E-Mail: info@subnet.sub.net, Internet: http://www.sub.net/

Unternehmen und ihre Geschichte

Die Geschichte von Unternehmen in der Informationsgesellschaft ist ein Lehrstück darüber, wie ein Unternehmen geführt und organisiert werden sollte – und wie nicht. In diesem Sinne sind die Historien zu lesen. Wenn ein Unternehmen die halbe Mitarbeiterschaft entlassen muß, um seinen Umsatz zu halten, ein anderes den Umsatz in derselben Zeit verdoppelt bei gleichem Personalbestand, dann hat das Gründe. Erfolgreiche Unternehmen haben zwei Gemeinsamkeiten: Zum einen eine Personalführung, die diesen Namen auch verdient, zum anderen die ständige Suche nach neuen Märkten, ohne deshalb die eigentliche Kernkompetenz, die Unternehmensvision, zu verlassen. Größter Fehler ist die Fehleinschätzung von neuen Entwicklungen aufgrund fehlendem Verständnis. Erfolgreiche Unternehmen sind auch bei Fehlern besser, d.h. sie versuchen lieber einmal etwas Neues und machen, wenn nötig, einen Rückzieher.

Apple

Apple hat den Personal Computer vielleicht nicht als erster erfunden, ihm aber in jedem Fall zum Marktdurchbruch verholfen. Apple hat in den 70er und 80er Jahren die Trends gesetzt, oft Jahre vor den Mitbewerbern. Dies bescherte dem Unternehmen nicht nur einen rasanten Aufstieg, sondern auch eine große Fangemeinde. Ab Mitte der 80er Jahre beging Apple den Fehler, den privaten Massenmarkt zu unterschätzen, so daß sich das Unternehmen, abgesehen vom Ausbildungsbereich, nur auf der Ebene professioneller und hochpreisiger Nischen bewegte. – Und das trotz Apples Vorreiterrolle im Homebereich! Diesen Führungsfehler konnte Apple nie wieder ausgleichen. Seit dem Weggang der Gründer fehlt dem Unternehmen zudem die Kraft und Orientierung einer Vision. Stabile Kernmärkte etwa im grafischen Bereich werden das Unternehmen nicht untergehen lassen, allerdings kommt auch Apple nicht um Restrukturierungen herum. Mit „Newton" hat Apple zudem ein Zukunftsprodukt, wofür sich bisher jedoch noch kein Massenmarkt entwickelt hat. Aufgrund der heterogenen Zielmärkte wäre Apple kein leichter Übernahmekandidat.

1976 Steve Wozniak (26) arbeitet bei Hewlett-Packard und Steve Jobs (21) bei Atari. Apple I wird in einer Garage fertiggestellt und die Apple Computer Company gegründet. Um die Produktion zu finanzieren, verkauft Jobs seinen VW und Wozniak seinen HP-Rechner. Für 666,66 US-Dollar wird das Board des Apple I in den Byte-Shops unter dem Slogan „Byte into an Apple" an Elektronikfreaks verkauft.

1977 Mike Markkula besorgt Venture-Kapital und Apple firmiert als Aktiengesellschaft. Der Apple II wird zum Preis von 1.298 US-Dollar verkauft und ein Renner. Herausragende Eigenschaft ist seine modulare Bauweise.

1980 Über 100 Mio. US-Dollar Umsatz und mehr als 1.000 Beschäftigte.

1981 Die erste 5 MB Festplatte zum Preis von 3.499 US-Dollar wird verkauft. Ende des Jahres sind 300.000 Apple-Computer weltweit im Einsatz, das Unternehmen beschäftigt 2.500 Mitarbeiter.

1982 Apple setzt über 1 Millarde US-Dollar um.

1983 Im Mai erreicht Apple Platz 411 der Fortune 500-Liste, schneller als je ein Unternehmen zuvor. Der Apple III+ wird für 2.995 US-Dollar verkauft.

1984 Die 300- und 1.200-bit/s-Modems werden für 299 bzw. 495 US-Dollar angeboten. Ende des Jahres wird der zweimillionste Apple II verkauft und der Macintosh 512K für 3.195 US-Dollar als Nachfolgemodell vorgestellt. Seine Fenster- und Maus-orientierte Benutzeroberfläche ist revolutionär.

1985 Die beiden Gründer verlassen das Unternehmen. Mit AppleTalk können die Apple-PCs vernetzt werden.

1987 Die HyperCard-Software wird vorgestellt, das erste Hypermedia-System.

1989 Apple bemüht sich um Kompatibilität zu MS-DOS und OS/2.

1993 Der Personal Digital Assistant (PDA) „Newton" wird vorgestellt.

1994 Einführung des PowerPCs, basierend auf einer RISC-Architektur.

1995 11,1 Milliarden US-Dollar Umsatz bei 15.554 Beschäftigten.

1996 Verluste zwingen das Unternehmen zur Restrukturierung.

Bertelsmann

Was als Buchdruckerei begann, entwickelte sich in den letzten fünfundzwanzig Jahren zu einem der drei größten Medienunternehmen der Welt. Den entscheidenden Sprung machte Bertelsmann mit der Gründung des Leserings. Vom Buch kommend wurde in den 70er Jahren der Musikmarkt, in den 80ern das Radio- und Fernsehgeschäft und in den 90ern der Online-Bereich aufgerollt. Dabei arbeitete das Unternehmen immer wieder mit Partnern, die bereits im betreffenden Markt zu Hause waren, zusammen oder übernahm sie gleich ganz. Mit der Eroberung der verschiedenen Marktsegmente der Medienwelt ging die Entwicklung von der nationalen Verlagsgruppe zu einem weltweiten Medienkonzern einher. Schon 1960 legte Reinhard Mohn die Unternehmensprinzipien Dezentralisation, Delegation und Selbstverwirklichung der Mitarbeiter fest, die bis heute Grundlage des Unternehmens sind.

1835 Gründung des C. Bertelsmann Verlages mit eigener Buchdruckerei in Gütersloh durch Carl Bertelsmann (1791 – 1850). Neben christlicher Literatur werden auch allgemeinbildende Bücher hergestellt.

1887 Übernahme des Unternehmens durch Johannes Mohn.

1921 Erweiterung des Verlagsprogrammes durch Unterhaltungsliteratur.

1947 Reinhard Mohn wird alleiniger Geschäftsführer.

1950 Mit der Gründung des Leserings wird der Grundstein für die Expansion des Unternehmens gelegt.

1958 Gründung der hauseigenen Schallplattenfirma Ariola und Betriebsaufnahme der Schallplattenfabrik Sonopress.

1968 Zusammenfassung von elf Einzelverlagen zur Verlagsgruppe Bertelsmann.

1969 Bertelsmann beteiligt sich an Gruner+Jahr und steigt damit in den Zeitschriftenbereich ein. 6 Jahre später wird Grunder+Jahr mehrheitlich übernommen.

1970 700 Mio. DM Umsatz, 11.000 Beschäftigte.

1971 Umwandlung des Unternehmens in eine Aktiengesellschaft (Bertelsmann AG).

1977 Gründung der Bertelsmann Stiftung. Die Stiftung führt Projekte in eigener Regie durch, vergibt also keine Auftragsförderungen.

1980 5 Mrd. DM Umsatz, 30.000 Beschäftigte.

1983 Kooperation mit RCA im Musikgeschäft.

1984 Einstieg in den TV-Markt durch Beteiligung an RTL plus.

1986 Übernahme von RCA und Doubleday, Gründung der Bertelsmann Music Group und der Bantam Doubleday Dell Publishing Group.

1990 Einstieg in den Zeitungsmarkt in den neuen Bundesländern. 13,31 Mrd. DM Umsatz mit 43.509 Beschäftigten.

1993 Internationalisierung des Fachzeitschriftengeschäfts.

1994 Ausbau des Zeitschriftengeschäfts in den USA; Übernahme des traditionsreichen Musikverlagshauses Ricordi in Italien.

1995 Einstieg in den Online-Markt durch Kooperation mit America Online. 20,55 Mrd. DM Umsatz, erwirtschaftet von 57.397 Beschäftigten in über 300 Firmen der Bertelsmann Gruppe.

Digital Equipment

Die Digital Equipment Corporation (DEC) hatte in den 60er und 70er Jahren die Minicomputer gebaut, Computer die kleiner und billiger als die Großrechner von IBM waren. DEC war einige Zeit das Unternehmen mit der größten Zahl installierter Computer. Im Wettbewerb mit IBM versuchte DEC dann, immer leistungsfähigere und größere Computer zu bauen. Dabei ging der Blick nach unten verloren. Den PC nahm der Unternehmensgründer nicht ernst und führte DEC dadurch geradewegs dem Abgrund entgegen. Erst als das Steuer scharf herumgerissen wurde, konnte das Unternehmen auf deutlich niedrigerem Niveau gerettet werden.

1957 Gründung in Maynard, Massachusetts, durch Kenneth Olsen.

1960 Program Date Processor PDP-1, der erste Dialogcomputer in Kleinformat.

1962 6,5 Mio. US-Dollar Umsatz.

1963 Ankündigung der PDP-5, des ersten Minicomputer.

1965 PDP-8, der erste massenproduzierte Computer der Welt.

1967 38 Mio. US-Dollar Umsatz.

1970 PDP11/20, Erstling der erfolgreichsten Minicomputer-Familie aller Zeiten. 8.000 Computer sind weltweit von DEC installiert.

1972 7.800 Beschäftigte, 188 Mio. US-Dollar Umsatz.

1975 Der 50.000ste Computer seit Gründung wird verkauft.

1977 VAX 11/780 legt den Grundstein für die in den 80er Jahren erfolgreiche VAX-Familie.

1977 36.000 Beschäftigte erwirtschaften über 1 Mrd. US-Dollar Umsatz.

1978 100.000 verkaufte Computer.

1980 200.000 verkaufte Computer. Über 2 Mrd. US-Dollar Umsatz.

1981 DEC ist weltweit die Nummer Zwei der Computerhersteller.

1984 85.600 Beschäftigte, 5,6 Mrd. US-Dollar Umsatz.

1987 110.500 Beschäftigte in 64 Ländern, 9,39 Mrd. US-Dollar Umsatz.

1988 Einstieg in die RISC-Technologie.

1990 124.000 Beschäftigte, 12,9 Mrd. US-Dollar Umsatz.

1992 Massive Entlassungen, auch Olsen muß gehen. DEC steht am Abgrund. Der erste 64-Bit-RISC-Prozessor „Alpha" wird vorgestellt und zu einer Familie ausgebaut.

1995 Nach aggressiven Umstrukturierungen, Ausgründungen und Verkäufen stabilisiert sich die Lage. DEC kann nach 1990 erstmals wieder Gewinn vermelden.

1996 Mit „AltaVista", einer auf DEC-Computern basierenden Suchmaschine für das Internet, gelingt DEC ein erfolgreicher Marketingzug. Das Geschäftsjahr 1995/96 endet mit 14,56 Mrd. US-Dollar Umsatz bei 59.100 Beschäftigten.

Hewlett-Packard

Hewlett-Packard (HP) war eine Keimzelle für das Silicon Valley. HP glänzt nicht durch eine große Basiserfindung, sondern durch viele gute Entwicklungen, die sich bei den Kunden großer Beliebtheit erfreuen. Im partnerschaftlichen Umgang mit den Mitarbeitern hat das Unternehmen ein Leitbild für die Branche gesetzt. Zug um Zug, durch Wachstum von innen heraus, hat HP seine Produktpalette vergrößert und sich zu einem Großen der Branche entwickelt.

1939 Dave Packard und Bill Hewlett gründen HP in einer Garage. Sie bauen elektronische Geräte, die u.a. im 2. Weltkrieg eingesetzt werden. Anfang der 40er Jahre wird das Unternehmen bei Tonfrequenzgeneratoren führend.

1951 Mit dem HP 524A entwickelt HP einen Hochgeschwindigkeits-Frequenzzähler, der die Meßzeit von 10 Minuten auf 1 Sekunde senkt.

1958 HP steigt in das Geschäft mit Plottern ein.

1959 Im deutschen Böblingen wird die erste Fabrik außerhalb den USA errichtet. Einige Jahre später wird von Böblingen aus das Konzept der flexiblen Arbeitszeiten HP erobern.

1962 HP erreicht Platz 460 der Fortune 500-Liste amerikanischer Unternehmen.

1964 Die transportable Atomuhr HP 5060A bestätigt die Einsteinsche Relativitätstheorie experimentell.

1968 HP 9100A, der erste wissenschaftliche Schreibtischrechner, wird der erste Arbeitsplatzrechner.

1972 HP-35 ist der erste wissenschaftliche Taschenrechner, die Brücke zum PC-Zeitalter. Der Minicomputer HP 3000 wird vorgestellt.

1980 Der erste HP-PC wird vorgestellt, der HP-85. 3 Mrd. US-Dollar Umsatz mit 57.000 Beschäftigten.

1984 Die ersten Tintenstrahl- und Laserdrucker werden präsentiert.

1985 6,5 Mrd. US-Dollar Umsatz und 85.000 Beschäftigte.

1987 Von beiden Gründern übernimmt je ein Sohn einen Posten im Vorstand.

1988 Das Unternehmen steht auf Platz 49 der Fortune 500-Liste.

1991 89.000 Beschäftigte erzielen einen Umsatz von 14,5 Mrd. US-Dollar. Die weitere Expansion des Unternehmens wird durch einen zunehmenden Zentralismus behindert. In einer konzentrierten Aktion kehrt HP zu seinen Wurzeln zurück und gibt der dezentralen Organisation wieder den Vorrang.

1993 Der zehnmillionste HP-Laserdrucker wird verkauft. Die Laserdrucker sind das erfolgreichste Produkt in der Firmengeschichte.

1995 Das Unternehmen beschäftigt 102.300 Beschäftigte bei 31,5 Mrd. US-Dollar
Umsatz. Bei Verdopplung des Personals verzehnfacht HP Deutschland innerhalb von 15 Jahren den Umsatz. Von 1991 bis 1995 wird der Umsatz bei
gleichbleibendem Personalbestand verdoppelt. HP ist auf dem Weg zur Nr.
1 der Branche.

IBM

International Business Maschines (IBM) hat seinen Aufstieg und überragende
Position fast allein einem Mann zu verdanken: Thomas J. Watson. Der geniale
Verkaufsspezialist („Ich sammle gute Verkäufer") führte das Unternehmen durch
seine klare Absatzorientierung an die Spitze, weit vor allen anderen Mitbewerbern.
Sein Sohn konnte diese Position halten und ausbauen. Bis zur Entwicklung des PC
setzte IBM die Standards und war selbst deren größter Nutznießer. Aber zu spät
wurde die PC-Entwicklung erkannt, so daß das Unternehmen nicht mehr die
Kontrolle in diesem Sektor erringen konnte. Nach wie vor ist IBM die erste Adresse
für Systeme mit vielen Benutzern und hohen Datenvolumina. Seit Anfang der 80er
Jahre gelingt es IBM aber nicht mehr, die Trends zu setzen. IBM hat den Nimbus
des Außergewöhnlichen verloren, bleibt aber ein Schwergewicht der Branche.

1896 Gründung der Tabulating Maschine Company in den USA durch Hollerith,
dem Erfinder der Lochkarten-Maschinen.

1910 Gründung der Deutsche Hollerith Maschinen-Gesellschaft (DEHOMAG) in
Berlin. Erster Kunde wird die Farbenfabrik Bayer.

1911 Zusammenschluß der Tabulating Maschine Company und zweier anderer
Unternehmen zur Computing Tabulating Recording Company (CTR).

1914 Thomas J. Watson übernimmt die Führung des Unternehmens und prägt es
bis 1952. Dann überträgt er schrittweise die Geschäftsführung seinen beiden
Söhnen.

1921 Hermann Hollerith zieht sich aus dem Geschäft zurück.

1924 Umfirmierung in International Business Maschines Corporation (IBM).

1937 Die DEHOMAG führt das Vorschlagswesen ein.

1939 Weltweit 11.000 Beschäftigte bei 39,5 Mio. US-Dollar Umsatz. Die Steigerung des Umsatzes im militärischen Bereich während des zweiten Weltkrie-
ges macht IBM zur Nummer Eins. In der vorausgegangenen Wirtschaftskrise
hat IBM im Gegensatz zu Mitbewerbern kein Personal entlassen, sondern es
mittels Kredite weiterbeschäftigt. So verfügte man in der Kriegskonjunktur
über ausreichend qualifiziertes Personal. Bis Ende der 80er Jahre wird IBM
an dem Grundsatz „Niemand wird entlassen" festhalten.

1949 Änderung des Namens auch in Deutschland von DEHOMAG in IBM.

1953 Defense Calculator IBM 701, der erste in Serie gebaute IBM-Computer für wissenschaftliche Zwecke. Im folgenden Jahr wird die IBM 702 für kommerzielle Zwecke vorgestellt.

1954 IBM 650, der statt geplanter 200mal gleich 1.800mal verkauft wird. Mit der IBM 650 schiebt sich IBM nicht nur vor die bis dahin führenden UNIVAC-Computer, sondern verhilft der EDV zum Durchbruch.

1964 Die /360-Architektur wird vorgestellt. 360 steht für den Vollkreis. Diese Computerfamilie deckt die verschiedenen Leistungsstufen ab. Auch im Entwicklungsprozeß setzen die /360er Maßstäbe. Jeweils ein Land der weltweiten IBM-Niederlassungen ist für die Entwicklung eines Computertyps verantwortlich.

1970 Eine neue Computergeneration wird als /370 präsentiert.

1980 340.000 Beschäftigte erwirtschaften 26,2 Mrd. US-Dollar, mehr als die sieben nächstgrößten Datenverarbeitungshersteller der USA zusammen.

1981 Der erste IBM PC mit dem Intel-Prozessor 8088 und Microsoft Betriebssystem DOS. IBM Deutschland kann den 250.000sten Verbesserungsvorschlag des betrieblichen Vorschlagswesens feiern.

1984 Der neue IBM AT auf Prozessorbasis 80286.

1987 IBM PS/2 basiert auf dem Prozessor 80386.

1988 Mit dem IBM Anwendungssystem AS/400 zielt das Unternehmen auf den Mittelstand. 390.000 Beschäftigte, 59,6 Mrd. US-Dollar Umsatz.

1989 Die Generation /390 tritt an.

1994 267.000 Beschäftigte, 62,7 Mrd. US-Dollar Umsatz.

Intel

Intel hat mit der Entwicklung hochintegrierter Schaltungen und der Erfindung des Mikroprozessors den Grundstein für den Siegeszug des Computers gelegt. Eine kluge Geschäftspolitik und die langfristige Bindung hochqualifizierter Mitarbeiter an das Unternehmen haben Intel nicht nur zum Teilhaber am Erfolg der eigenen Erfindung gemacht, sondern zum Motor des immer schneller werdenden Innovationstempos.

1965 Gordon Moore definiert den als Moores Gesetz bekannt gewordenen Grundsatz: „Alle 18-24 Monate verdoppelt sich die Dichte der integrierten Schaltungen".

1968 Gründung von Intel (INTegrated ELectronics) durch Robert Noyce und Gordon Moore, beide ehemalige Mitarbeiter bei Fairchild, dem damals größten Halbleiterhersteller der Welt. Beide waren enttäuscht über die bürokratischen Verkrustungen bei Fairchild, ein Unternehmen, das sie zehn Jahre zuvor mit sechs anderen Kollegen gegründet hatten. Aus dieser Erfahrung heraus entwickeln sie für Intel eine betont unkonventionelle Unternehmenskultur. Gemeinsam mit dem dazustoßenden Andrew Grove planen sie den Aufbau der MOS-Technologie zur Herstellung hochintegrierter Schaltkreise.

1969 Erstes Ziel sind Speicherchips. Das statische RAM 1101 ist der erste MOS-Baustein der Welt.

1970 Der erste DRAM-Speicherbaustein auf MOS-Basis erweist sich als erster großer Sprung nach vorn.

1971 Mehr zufällig entwickelt Intel einen programmierbaren Speicherchip, ein EPROM, und erzielt einen durchschlagenden Erfolg. Intel bleibt lange Zeit der einzige Hersteller, der EPROMs in hoher Stückzahl produzieren kann. Kurz nach dem EPROM erfindet Intel den Mikroprozessor. Anlaß ist der Auftrag des japanischen Rechenmaschinen-Herstellers Busicom, die Mechanik durch ein programmierbares Produkt zu ersetzen. Der erste Mikroprozessor 4004 wird entwickelt. Als man die vielfältigen Einsatzmöglichkeiten erkennt, kauft Intel die Rechte am 4004 für 60.000 US-Dollar von Busicom zurück.

1974 Der 8080 geht aus dem 4004 als 8-Bit-Prozessor hervor und legt die Grundlage für die Intel-Architektur.

1978 Der 16-Bit-Prozessor 8086 und ein Jahr später die reduzierte 8088-Version sind große Verkaufsrenner.

1981 IBM entwickelt den IBM-Mikrocomputer auf der Basis des 8088. Intel muß sich verpflichten, die Nachfolgeprozessoren kompatibel zum 8088 zu halten.

1985 Der 32-Bit-Prozessor 80386 setzt die Erfolgsgeschichte fort. Bereits zehn Jahre zuvor war Intel mit einem 32-Bit-System gescheitert, weil der Markt für diese Hochtechnologie noch nicht bereit war. Das Unternehmen stellt immer mehr Bauteile rund um den Mikroprozessor her, bis hin zu vollständigen Computern, Netzwerk- und Kommunikationssystemen.

1986 Der Umsatz bricht von 1,6 Mrd. auf 1,26 Mrd. US-Dollar ein, und Intel muß mit 17.500 Beschäftigten erstmals einen Nettoverlust hinnehmen. Vor allem in der Produktivität der Anlagen muß Intel deutliche Verbesserungen durchführen. Sowohl Durchlaufzeiten als auch die Ausbeute werden deutlich gesteigert.

1990 3,9 Mrd. US-Dollar Umsatz, 23.900 Beschäftigte.

1993 Der Pentium-Prozessor mit 3,1 Millionen Transistoren wird die neue Grundlage für Computer im hohen Leistungsbereich. Er integriert Funktionen (z.B. Energiemanagement), die vormals gesonderten Bauteilen zugeordnet waren.

1994 Ein Fehler in der Fließkomma-Einheit des Pentium-Prozessors macht eine teure Austauschaktion notwendig.

1995 16,2 Mrd. US-Dollar Umsatz, 41.600 Beschäftigte, 3,5 Mrd. US-Dollar Investition. 80% aller Mikrocomputer basieren auf Intel-Prozessoren: *Intel Inside*.

Microsoft

Microsoft ist das größte Unternehmen, das sich ausschließlich auf Software konzentriert. Großgeworden mit Betriebssystemen, strebt Microsoft in immer mehr Software-Bereichen die Position des Marktführers an. Die Geschäftspolitik besteht darin, Märkte zu begründen und zu erschließen. Dazu kauft oder lizenziert Microsoft auch Fremdprodukte. Bei Mißerfolg werden Produkte rasch wieder vom Markt genommen und durch andere ersetzt. Microsoft gewährt seinen Mitarbeitern große Freiheiten, erwartet aber einen hundertprozentigen Einsatz für das Unternehmen. Die visionäre Kraft ihres Gründers Bill Gates ist Antriebsfeder und Wegweiser nicht nur für das Unternehmen, sondern für die ganze Branche.

1975 Gründung von Microsoft durch William H. Gates, kurz Bill Gates, und Paul G. Allen. Erstes Produkt ist ein BASIC-Interpreter für den Homecomputer Altair.

1977 500.000 US-Dollar Umsatz, 5 Beschäftigte.

1980 BASIC wird auch auf dem Apple lizenziert. Microsoft vertreibt jetzt seinen Basic-Compiler auf praktisch jedem Mikrocomputer. Mit XENIX entwickelt Microsoft ein Unix-kompatibles Betriebssystem. Der Harvard-Absolvent Steve Ballmer übernimmt das Marketing bei Microsoft und ist heute Vize-Präsident der Firma.

1981 Am 25. Juni wird Microsoft in eine Aktiengesellschaft umgewandelt. MS-DOS 1.0 startet mit der Einführung des IBM PCs am 12. August. Am Jahresende setzt Microsoft 16 Mio. US-Dollar mit 125 Beschäftigten um.

1982 Die Tabellenkalkulation Multiplan wird vorgestellt.

1983 MS-DOS 2.0 erscheint mit einem Unix-artigen Dateisystem. Die Textverarbeitung Word und die MS-Mouse werden vorgestellt, das Betriebssystem Windows angekündigt.

1984 Vorstellung von MS-DOS 3.0 mit Schnittstellen für Netzwerke.

1985 Zehnjähriges Bestehen und ein Jahresumsatz von 140 Mio. US-Dollar.

1987 OS/2 1.0 kommt auf den Markt.

1988 Am Jahresende sind 39.680.000 MS-DOS weltweit installiert. In den folgenden 6 Jahren kommen noch etwa 100 Mio. dazu.

1990 Windows 3.0 ist ab dem 22. Mai verfügbar. Mit 5.975 Beschäftigten überschreitet Microsoft als erstes Software-Unternehmen die Schwelle von 1 Milliarde US-Dollar Umsatz. Bill Gates hält am 12. November eine Rede mit dem Titel „Information at Your Fingertips".

1991 Das grafische Betriebssystem MS-Windows beginnt seinen Siegeszug.

1993 Präsentation des Client-Server Betriebssystem Windows NT, das vor allem auf den Businessbereich abzielt. Encarta, die erste multimediale PC-Enzyklopädie wird verfügbar.

1995 Windows 95 wird von der weltgrößten Marketing-Kampagne für ein Software-Produkt begleitet. 5,94 Mrd. US-Dollar Jahresumsatz mit 17.801 Beschäftigten und 20jähriges Bestehen. „Where do you want to go today?"

Netscape

Netscape ist der Shooting-Star der 90er Jahre. Kaum gegründet, erzielen Netscape-Aktien Höchstpreise an der Börse. Die Chancen, zu den Großen der Branche aufzuschließen, stehen gut. Größtes Risiko ist ein Nachlassen in der Produktqualität, schärfster Mitbewerber ist Microsoft.

1994 Im April gründen Dr. James H. Clark, Gründer des Computerunternehmens Silicon Graphics, und Marc Andreessen, Entwickler des NCSA Mosaic Browser, das Unternehmen Netscape. Der Erfolg des NCSA Mosaic schafft die kommerzielle Nachfrage für Netscape.

1995 Im August wird das Unternehmen an der New Yorker Börse eingeführt. Noch am Börseneinführungstag steigt der Kurs um mehr als 200%. Das Geschäftsjahr schließt mit 80,7 Mio. US-Dollar Umsatz. Das Unternehmen beschäftigt 800 Mitarbeiter. Eine breite Palette von Internet- und Intranet-Software wird entwickelt. Im Browser-Geschäft verfügt Netscape über einen Marktanteil von 80%.

1996 Rasantes Wachstum des Unternehmens und ein Kampf um Marktanteile, in dem jede Woche zählt, kennzeichnen die weitere Entwicklung.

SAP

Die 80er Jahre standen im Zeichen von Datenbanken und damit Unternehmen wie Oracle, Informix oder der Software AG. In den 90er Jahren kletterte der Blick eine Stufe höher auf die Anwendungsebene und wurde zum Jahrzehnt der SAP. Sie hatte bereits in den 70er Jahren auf Standard-Anwendungssoftware gesetzt und zwanzig Jahre später die Früchte der Idee geerntet. Während das Wachstum in den ersten 15 Jahren fast ausschließlich von innen heraus kam, arbeitet SAP heute intensiv mit vielen Unternehmen in der ganzen Welt zusammen, wodurch das starke Wachstum erst ermöglicht wurde. Die Entwicklung der Software wird zu einem großen Teil durch Kundenanregungen mitgesteuert. Noch bis weit in die 80er Jahre haben die Gründer bei der Programmierung selbst Hand angelegen. Das daraus resultierende Verständnis des Vorstandes für Forschung und Entwicklung ist die Wurzel für den bei einem Software-Haus unbedingt notwendigen kreativen Teamgeist.

1972 Am 1. April gründen fünf ehemalige IBM-Mitarbeiter (Durchschnittsalter 32 Jahre) in Mannheim ein Software-Haus. Nur auf dem eigenen Wissen aufbauend entwickelt die Crew Schritt für Schritt eine Standard-Anwendungssoftware für Großrechner. – Eine damals revolutionäre Sache.

1976 Gründung der SAP GmbH, „Systeme, Anwendungen, Produkte in der Datenverarbeitung". Die Gesellschaft bürgerlichen Rechts wird allerdings erst nach weiteren fünf Jahren aufgelöst, und alle Rechte werden der GmbH übertragen. SAP hat jetzt 25 Beschäftigte und erwirtschaftet 3,81 Mio. DM Umsatz.

1979 Die Arbeit an der zweiten Software-Generation R/2 wird begonnen. Zugleich erfolgt der Spatenstich im Industriegebiet Walldorf. Damit beginnt eine Bautätigkeit des Unternehmens, die bis heute anhält. Jede Unternehmensvergrößerung wird durch Baumaßnahmen begleitet. Der Umsatz beträgt knapp 10 Mio. DM.

1982 Zehn Jahre nach der Gründung steigt der Umsatz deutlich auf 24,2 Mio. DM und der hundertste Beschäftigte wird eingestellt. Im deutschsprachigen Raum arbeiten 236 Unternehmen mit SAP-Programmen.

1984 Mit Tochterunternehmen im Ausland richtet sich SAP zunehmend international aus.

1985 Die nächste Software-Generation wird mit dem System R/3 eingeleitet.

1986 Der Umsatz liegt bei über 100 Mio. DM.

1987 750 Beschäftigte erzielen mit 850 Großkunden 245 Mio. DM. 60 der 100 größten deutschen Industrieunternehmen setzen auf SAP.

1988 Umwandlung der GmbH in eine Aktiengesellschaft. Der tausendste Kunde ist das Chemieunternehmen DOW Chemical. SAP ist bei Großunternehmen wohlgelitten, jetzt richtet sich das Unternehmen schrittweise auch auf den Mittelstand aus. Zusammenstellung des ersten Branchenpakets für Versorgungsunternehmen.

1991 Übernahmen von und Zusammenarbeit mit anderen Unternehmen stehen jetzt auf der Tagesordnung bei SAP. Am Jahresende sorgen 2.500 Beschäftigte für 707 Mio. DM Umsatz.

1992 SAP feiert zwanzigsten Geburtstag, das System R/3 hat seine Pilotphase erfolgreich überstanden und wird für den Markt freigegeben. Es wird sich zu einem Schlager vor allem auf dem amerikanischen Markt entwickeln.

1995 Der Höhenflug geht mit 2,7 Mrd. DM Umsatz und 6.857 Beschäftigten ungebrochen weiter. Der Produktanteil am Umsatz erreicht mit 72% eine Rekordmarke. Schulung und Service werden in starkem Maße von Partnern übernommen. Die Gründer führen ihre Anteile weitgehend in Stiftungen über. In Walldorf wird noch immer gebaut.

SNI

Die Siemens Nixdorf Informationssysteme AG (SNI) ist der einzige deutschstämmige Anbieter mit einer umfassenden Produktpalette in der Informationstechnologie. Der aus der Nachrichten- und Energietechnik kommende Siemens-Konzern war Mitte der 50er Jahre in die Datenverarbeitung eingestiegen. In der Folge mußte Siemens in diesem Geschäftszweig eine Reihe erfolgloser Kooperationen hinnehmen. Früher mehr nationalorientierte Behörde als Unternehmen, war Siemens auf Großrechner und Großkunden ausgerichtet. 1990 übernahm Siemens die Nixdorf AG. Diese hatte eine starke Stellung bei Mittelstandslösungen, verkaufte diese aber Ende der 80er Jahre auf veralteter, aus dem Jahre 1975 stammender, Technologie. Bill Gates hatte schon 1983 gewarnt: „Unternehmen wie Siemens und Nixdorf sollten den Mikromarkt nicht ignorieren."

Nach erheblichen Vereinigungsproblemen, fern jeder Kundenorientierung, gelingt es SNI – mit erheblichen Restrukturierungen und deutlichem Personalabbau -, sich wieder am Markt zu behaupten.

1847 Gründung der Telegraphen Bau-Anstalt Siemens & Halske durch Werner von Siemens und J.G. Halske.

1866 Entdeckung des dynamoelektrischen Prinzips.

1870 Fertigstellung der Indo-Europäischen Telegraphenleitung von London nach Kalkutta.

1941 Konrad Zuse baut mit der Z3 den ersten Computer der Welt.

1952 Heinz Nixdorf gründet in Essen das „Labor für Impulstechnik".

1954 Siemens beschließt, in die Datenverarbeitung zu investieren.

1956 Die Zuse KG, Computerfirma von Konrad Zuse, baut den Elektronenrechner Z22 und verkauft bis 1961 50 Stück.

1958 Siemens bringt den ersten in Serie gebauten Volltransistorrechner 2002 heraus.

1967 Siemens übernimmt die Zuse KG und gliedert das Unternehmen in der Folge in den Konzern ein.

1968 Umwandlung des „Labor für Impulstechnik" in „Nixdorf Computer AG" und Verlegung des Firmensitzes in Nixdorfs Heimatstadt Paderborn.

1970 AEG-Telefunken liefert die TR440 aus, ein modernes System für die Wissenschaft. Zusammen mit Nixdorf wird der Telefunken-Computerbereich in die Telefunken Computer GmbH ausgelagert.

1971 Die 1965 begonnene Partnerschaft von Siemens mit RCA scheitert, als dieser sein Computergeschäft an Sperry verkauft.

1973 Mit Philips und CII startet Siemens die Kooperation Unidata, die aber zwei Jahre später scheitert.

1974 Siemens übernimmt auf Drängen des Forschungsministeriums die Telefunken Computer als Computer-Gesellschaft Konstanz, nachdem die Wissenschaft versorgt und der kommerzielle Vertrieb gescheitert war.

1978 Siemens arbeitet mit dem japanischen Großrechnerhersteller Fujitsu zusammen.

1988 Nixdorf erzielt 5,34 Mrd. DM Umsatz mit 28.000 Beschäftigten. Erhebliche Probleme im Innovationswettbewerb und bei der Kostenstruktur kann das Unternehmen in der Folge nicht mehr selbst auffangen.

1990 Durch die Zusammenführung des Bereichs Daten- und Informationstechnik der Siemens AG, München, und der Nixdorf Computer AG, Paderborn entsteht die Siemens Nixdorf Informationssysteme AG. Der Geschäftsbereich der Siemens AG bringt eine gute Position im Großkundenbereich mit, während Nixdorf für seine Nähe zum Mittelstand bekannt ist. Ähnlich wie DEC hat das in den 50er Jahren in Paderborn von Heinz Nixdorf gegründete Unternehmen aber den Trend zum PC versäumt, während der Siemens-Geschäftsbereich nicht über die nötige Durchschlagskraft verfügt. Zudem muß die Rezession Anfang der 90er Jahre verkraftet werden. Dank einer kapitalstarken Mutter konnte das Unternehmen in die nötigen Restrukturierungen und neue Produkte investieren.

1995 12,8 Mrd. DM Umsatz mit 37.200 Beschäftigten. SNI ist wieder in stabilem Fahrwasser und richtet den Blick nach vorn.

Software AG

Die Software AG ist im Bereich Datenbanken und Umfeld zu Hause. Nach einer stürmischen Entwicklung in den 80er Jahren stehen die 90er im Zeichen der Konsolidierung und Differenzierung. Die Qualität von Service und Produkten gelten als hoch, die Betreuung der Mitarbeiter als vorbildlich.

1969 Gründung der Software AG in Darmstadt, Deutschland, von Peter Schnell.

1971 Erster Verkauf von ADABAS, einer Datenbank-Software.

1979 NATURAL, eine Entwicklungssprache der vierten Generation, wird erstmalig installiert.

1983 Entwicklung von PREDICT, einem Unterstützungssystem für die Software-Entwicklung.

1990 ENTIRE, eine Software-Umgebung für offene verteilte Systeme, wird vorgestellt.

1994 Die Software AG stellt das erste komplette Data Warehouse vor.

1995 788,2 Mio. DM Umsatz mit 3.327 Beschäftigten.

Sun

Begonnen hat Sun mit dem Bau von Workstations auf RISC-Basis, deren Leistung über der von PCs, preislich aber nicht sehr viel höher liegt. Der gebürtige Deutsche Andreas von Bechtolsheim hatte für seine Doktorarbeit an der Stanford-Universität nach einem leistungsfähigen Computer gesucht und ihn schließlich selber gebaut. Die modulare SPARC-Architektur definiert eine durchgängige Computerarchitektur vom Laptop bis zum Supercomputer. Schon früh wurde die Sun-Vision „Das Netzwerk ist der Computer" formuliert. Die Entwicklung sowohl betriebsinterner Netzwerke als auch das explodierende Internet bestätigt diese Leitidee. Zur Politik des Unternehmens gehört die Lizenzierung eigener Entwicklungen an andere Unternehmen, die Entwicklung offener Standards und die Ausgründung von Geschäftszweigen in eigenständige Unternehmen unter dem Konzerndach.

1981 Andreas von Bechtolsheim baut die erste Workstation.

1982 Gründung von SUN Microsystems in Kalifornien durch Andreas von Bechtolsheim, Scott McNealy, heute SUN-Präsident, Vinod Khosla, der Bechtolsheim zur Firmengründung riet, und Bill Joy.

1983 Erster Sun-Server.

1984 Einführung des verteilten Netzwerk-Dateisystems NFS.

1987 Sun wird Marktführer im Bereich Workstations.

1989 Die skalierbare SPARC-Architektur wird entwickelt. Eine gezielte Lizenzierungspolitik sorgt für die Verbreitung dieser Architektur über das Unternehmen hinaus.

1993 1 Million installierte SUN-Systeme.

1995 5,9 Mrd. US-Dollar Umsatz, 14.500 Beschäftigte.

1996 Die Computersprache Java wird begeistert vom Markt aufgenommen und vielfach lizenziert. Das Geschäftsjahr 1995/96 schließt mit 7,1 Mrd. US-Dollar Umsatz bei 16.500 Beschäftigten.

Telekom

Zwischen der ersten Telegraphenleitung und dem Börsengang der Telekom liegen genau 150 Jahre. Aus der Tradition der französischen Revolution heraus galt Telekommunikation als staatliche Aufgabe. Die Telegraphenleitungen sollten der Revolutionsregierung das Regieren in Echtzeit ermöglichen. Wirtschaftliche Nutzung wurde deshalb anfangs untersagt, später geduldet. Im Zuge der Liberalisierungspolitik der Europäischen Union wurde in mehreren Reformstufen die Telekom aus der Deutschen Bundespost ausgegliedert und in eine international agierende Aktiengesellschaft umgewandelt. Die einst nur technologisch orientierte Behörde wurde und wird in den 90er Jahren vor allem einer aggressiven Strategie der Kundenorientierung unterworfen. In Deutschland kann sich die Telekom auf eine fundierte Infrastruktur stützen. Ihre Präsenz im Ausland versucht sie durch neue Töchter und Allianzen aufzubauen. Aufgrund des Beamtenstatus der Hälfte der Beschäftigten konnte die Telekom den Personalabbau nicht im gleichen Maße vollziehen, wie es im IT-Bereich Anfang der 90er Jahre üblich war. Dank bis 1998 verbleibender Monopole blieb dies ohne Folge.

1516 Generalpostmeister Franz v. Taxis nimmt den Postbetrieb auf.

1846 Die erste Telegraphenleitung wird auf dem Abschnitt Berlin-Potsdam verlegt.

1850 Gründung Deutsch-Österreichischer Postverein.

1866 Preußen gründet die Norddeutsche Bundespost.

1871 Gründung der deutschen Reichspost, in der die Norddeutsche Bundespost aufgeht.

1877 Am 24. Oktober beginnen in Berlin die Versuche mit zwei Bell-Telefonapparaten.

1880 Gründung des Reichspostamtes für das Post- und Telegraphenwesen.

1881 Die ersten öffentlichen Fernsprechnetze werden errichtet. Am Jahresende gibt es 458 Fernsprechteilnehmer in Deutschland.

1900 160.000 Fernsprechteilnehmer in Deutschland.

1908 In Hildesheim wird die erste deutsche Vermittlungsstelle für Selbstwahl errichtet.

1919 Schaffung des Reichspostministeriums.

1920 Auch Bayern und Württemberg werden Teil der Reichspost. 1 Mio. Fernsprechteilnehmer.

1924 Einführung des Unterhaltungshörfunks in Deutschland. Die Programme werden von Privaten gestaltet, die Reichspost übernimmt die Sendefunktion. Erst Goebbels ordnet den Hörfunk vollständig dem Propagandaministerium unter.

1933 Start von Telex zwischen Hamburg und Berlin.

1935 Am 22. März startet in Berlin der erste regelmäßige Fernsehprogrammdienst der Welt.

1936 Erste Fernsehlivebilder während der Olympischen Spiele in Berlin.

1945 In den Jahren nach dem Krieg wird die Reichspost in Ost (Deutsche Post) und West (Deutsche Bundespost) aufgeteilt.

1952 Weihnachten: Wiederaufnahme des Fernsehbetriebs.

1957 1 Mio. Fernsehteilnehmer in Westdeutschland.

1958 Mobilfunknetz A für Mobiltelefonie.

1965 Beginn der Computerkommunikation mittels Modem.

1966 12 Mio. Fernsehteilnehmer in Westdeutschland.

1967 Beginn des deutschen Farbfernsehens.

1971 Fast 10 Mio. Telefonhauptanschlüsse in Westdeutschland. Dazu kommen über 5 Mio. Nebenanschlüsse.

1979 Erste Erprobung der Glas- und Laserlichttechnologie.

1984 Der Bildschirmtext-Dienst Btx wird bundesweit eingeführt.

1985 Umsatz der Deutschen Bundespost im Fernmeldebereich 33 Mrd. DM mit 212.000 Beschäftigten. 26 Mio. Telefonanschlüsse, 27,5 Mrd. Verbindungen im Telefonnetz.

1986 Die erste digitale Ortsvermittlungsstelle geht in Hamburg in Betrieb.

1989 Am 8. März erfolgt die Einführung von ISDN. Auch Cityruf wird als regulärer Dienst gestartet. Am 9. November fällt die innerdeutsche Mauer. Während im Westen 47 Telefonanschlüsse je 100 Einwohner kommen, sind es im Osten 10. Die Telekom baut in den folgenden Jahren in den neuen Bundesländern eine der modernsten Telekommunikations-Infrastrukturen auf. 38 Mrd. DM Jahresumsatz.

1990 Postreform I: Die Deutsche Bundespost wird in drei selbständige Unternehmenseinheiten aufgeteilt: Telekom, Postdienst und Postbank. Die Telekom startet kurz darauf mit der Gründung von Auslandsrepräsentanzen. Im Mai wird der weltweit erste Anschluß eines Privathaushaltes an das Glasfasernetz durchgeführt. Im Juli wird der Endgerätemarkt liberalisiert. Mit der Vereinigung der beiden deutschen Staaten am 3. Oktober fusionieren auch deren Telekommunikationsgesellschaften.

1991 Mit D1 startet der digitale Mobilfunkdienst.

1994 Der weltweit erste öffentliche Breitbanddienst Datex geht in Betrieb. In den neuen Bundesländern hat schon jeder dritte einen Anschluß, in den alten jetzt jeder zweite.

1995 1. Januar: Im Zuge der Postreform II wird aus der Deutschen Bundespost Telekom eine Aktiengesellschaft, die Deutsche Telekom AG. «STEUERDATEI Address»66,1 Mrd. DM Umsatz, 220.000 Mitarbeiter. 40,4 Mio. Telefonanschlüsse in Deutschland, 54 Mrd. Verbindungen im Telefonnetz.

1996 Börsengang der Telekom AG, dem größten Börsengang in der deutschen Geschichte.

Unisys

Die Geschichte des Unternehmens ist eine Geschichte der Unternehmen: Durch ständiges Zusammenschließen oder Aufkaufen innovativer Unternehmen wurde die Produktpalette von Unisys immer größer; allerdings mußten auch etliche schwierige Unternehmenslagen bewältigt werden. Dank einiger treuer Stammmärkte überstand dies das (bzw. die) Unternehmen immer wieder. Die Innovationsfreudigkeit des/der Unternehmen konnte wegen fehlender Stabilität in der Unternehmens- und Personalführung nicht zu voller Geltung kommen. Unisys versteht sich heute als Informationsmanagement-Unternehmen.

1856 Gründung der Waffenfabrik E. Remington & Sons.

1873 Remington entwickelt die erste kommerzielle Schreibmaschine.

1905 Ein von Burroughs 1886 gegründetes Unternehmen wird in Burroughs Adding Machine Company umstrukturiert.

1910 Gründung von Sperry Gyroscope, die Unterstützungssysteme für Flugzeugpiloten (z.B. künstliche Horizonte) entwickelt.

1911 Gründung der Powers Accounting Company, die Tabelliermaschinen u.a. für die amerikanische Volkszählung herstellt.

1925 Remington stellt die erste elektrische Schreibmaschine vor, Burroughs eine tragbare Addiermaschine.

1927 Fusion der drei Firmen Remington, Powers und Rand zu Remington Rand.

1937 Remington Rand verkauft die ersten elektrischen Rasierapparate.

1946 Eckert und Mauchly stellen in den USA den ersten elektronischen Computer ENIAC, für den Burroughs den Speicher liefert, fertig, und gründen eine Firma, die 4 Jahre später von Remington Rand übernommen wird.

1951 Die erste elektronische Großrechenanlage für kommerzielle Zwecke UNIVAC I wird am 31. März der US-Zensusbehörde ausgeliefert und arbeitet dort bis 1963. Die UNIVAC I besteht aus 97.500 Einzelheiten, wiegt 19 Tonnen und wird 49mal ausgeliefert. Kaufpreis 1957: 1 Mio. US-Dollar. Die UNIVAC-Serie ist viele Jahre Erfolgsbasis für Remington Rand und wird als Markenname erst 1983 gelöscht.

1955 Sperry kauft Remington Rand und schließt sich zu Sperry Rand zusammen. Durch eine zögerliche und sich verzettelnde Geschäftsführung muß die Marktführung bei Computern an IBM abgetreten werden. Besonders der Computer-Entwickler Olsen drängt auf kleinere Computer für eine breitere Käuferschicht. Er kann sich nicht durchsetzen und gründet DEC.

1961 Burroughs baut die B 5000 Computerserie. Technisch seiner Zeit weit voraus, fehlen Mittel für Service und Vertrieb. Folglich verkauft Burroughs zu wenige der hochwertigen Computer.

1963 Sperry Rand beschäftigt über 100.000 Mitarbeiter in aller Welt, besitzt 54 Produktionswerke in den USA und 40 Fabrikanlagen in 17 anderen Ländern.

1985 Burroughs setzt mit 65.000 Beschäftigten 5 Mrd. US-Dollar um, Sperry Rand mit 60.000 Beschäftigten etwa denselben Betrag.

1986 Burroughs kauft Sperry Rand kreditfinanziert für über 4 Mrd. US-Dollar und fusioniert zu Unisys. Der gemeinsame Umsatz beträgt 10,8 Mrd. US-Dollar. Später wird man dies die schwierigste und längste Fusion der Computergeschichte nennen.

1990 75.000 Beschäftigte bei einem Umsatz von 10,1 Mrd. US-Dollar.

1995 Durch die Konzentration auf Kernbereiche bzw. durch Notverkäufe hat sich die Mitarbeiterzahl bei Unisys auf 37.400 reduziert, und der Umsatz beläuft sich nur noch auf 6,2 Mrd. US-Dollar.

Vom Höhlenbild zur Website: Eine kurze Geschichte der Informationsgesellschaft

Steinzeit Höhlenbilder, Sprache

3500 v.Chr Papyrus in Ägypten

800 v. Chr. Geburt der „Null" in Indien.

100 n.Chr Erfindung des Papiers in China.

750 Papiermacherkunst findet Eingang in Europa

1445 Gutenberg entwickelt sein flexibles Setzverfahren, 11 Jahre später wird die Gutenberg-Bibel gedruckt.

1600 Elektrizität (Gilbert)

1609 Zeitung

1623 Mechanische Rechenmaschine (Schickard, Tübingen)

1643 Rechenmaschine von Blaise Pascal

1673 Rechenmaschine Replica (Leibnitz)

1679 Dualsystem (Leibniz)

1788 Dampfmaschine mit leistungssteigerndem Kondensator (James Watt)

1791 Optischer Telegraph (Chappé). Die französische Revolutionsführung regiert in „Echtzeit". Die französische Revolution wird ein Meilenstein auf dem Weg zu Globalisierung und Individualisierung.

1804 Automatisierter Webstuhl mit Lochkarte (Jacquard)

1829 Fotografie

1833 Programmgesteuerter Rechenautomat (Babbage)

1841 Lady Lovelace wird bei Babbage die erste Programmiererin der Welt.

1843 Morse-Telegraphie

1876 Telefon (Bell), Kohlemikrophon (Edison)

1877 Phonograph (Edison)

1884 Lochkartenmaschine (Hollerith)

1886 Funkwellen (Hertz)

1889 Kinoaufnahmegerät (Edison)

1890 Beginn der Lochkartenzeit mit Hollerith-Maschinen für die US-Volkszählung.

1895 drahtlose Telegraphie (Marconi)

1897 Karl Ferdinand Braun erfindet die Braun_sche Röhre.

1913 Theorie der Ablaufsteuerung und Einführung des Begriffes „Automation" (Torres y Quevedo).

1920 Erste Hörfunk-Sendungen

1932 Gründung der ersten Nachrichtenagentur in Frankreich.

1933 Die Braun'sche Röhre setzt sich als Basis für den Fernsehempfänger durch. Die Anfänge des Fernsehens gehen bis zur Mitte des 19. Jahrhunderts zurück, wie den Vorschlägen zur Bildzerlegung und elektrischen Übertragung von Bain 1843 oder Caselli 1855. 1883 entwickelt Nipkow den Gedanken für ein elektrisches Teleskop. Der Begriff Fernsehen wird erstmalig 1891 von Liesegang benutzt.

1935 Radar (bei dem die späteren Computerbauer die Impulstechnik lernen) und erstes Programmfernsehen in Berlin.

1936 Mechanischer festverdrahteter Computer (Zuse, Berlin und 1937 Atanasoff in USA).

1937 Farbfernsehen

1938 Der tschechische Schriftsteller Karel Capek schreibt das Theaterstück „Wer stands Universal Robots" und prägt den Begriff Roboter (tschech. robota, arbeiten).

1941 Erster programmgesteuerter Computer Z3 (Zuse, Berlin). Bereits 1936 hatte Zuse mit dem ersten, noch mechanischen Modell Z1 begonnen.

1944 Erster amerikanischer Computer Mark I (Aiken, Harvard-Universität mit finanzieller Förderung durch IBM). Beginn der Arbeiten war 1939, Betriebsende war 1959. Die Kosten betrugen 400.000 US-Dollar.

1945 Vannevar Bush: Memex, die Idee des Hypertext. „Wie wir denken könnten".

1946 Elektronenröhren-Computer ENIAC (Eckert und Mauchly, Universität Pennsylvania)

1947 Transistor (Bardeen, Brattain, Shockley bei Bell Laboratories), später mit dem Nobelpreis ausgezeichnet.

1948 Kybernetik (Wiener)

1954 Erste weitverbreitete Programmiersprache Formular Translator, kurz FORTRAN, die vor allem technisch-wissenschaftlich orientiert ist (Backus, IBM).

1957 Minicomputer (Olsen, DEC), Satellit Sputnik I

1958 Integrierter Schaltkreis IC (Jack Kilby, Texas Instruments und Robert Noyce, Fairchild)

1959 Programmiersprache COBOL (Common Business Oriented Language), von IBM für den Business-Bereich durchgesetzt (Grace Murray Hopper, US-Verteidigungsministerium).

1966 Im Film „Die phantastische Reise" werden Wissenschaftler auf Mikrogröße geschrumpft und durchstreifen den Körper eines erkrankten Kollegen.

1968 Mikroprozessor (Noyce, Morre, Grove von Intel, einer Ausgründung von Fairchild). Die '68er Revolution bricht die Gesellschaft auf.

1969 Das ARPA-Net, Vorläufer des Internet, startet mit 4 Computern.

1976 Bau der ersten Homecomputer PET (Commodore) und Apple I (Wozniak und Jobs).

1981 IBM Personal Computer

1982 Tragbarer PC GRiDCompass

1987 Apple entwickelt mit Hypercard das erste Hypertext-System.

1990 World Wide Web WWW

Oft sind neue Ideen lange vor ihrer Realisierung erdacht worden. Konrad Zuse wurde einmal die Frage gestellt, warum der Computer nicht schon 1910, sondern erst 1941 entwickelt wurde, obwohl die technischen Voraussetzungen bereits um die Jahrhundertwende gegeben waren. Er antwortete augenzwinkernd: „Weil ich erst 1910 geboren wurde".

Literatur

Ein weiterführendes Lese-Muß sind die beiden Bücher *Grow to be great – Wider die Magersucht im Unternehmen* von Gertz/Baptista und *Strategien für ein individuelles Kundenmarketing – Die 1:1-Zukunft* von Peppers/Rogers. Alle anderen Bücher vertiefen und ergänzen je nach Interesse Themen aus diesem Buch.

Propheten

Don Tapscott: *Die digitale Revolution, Wiesbaden*, Gabler 1996.

Der amerikanische „Cyber-Guru" Don Tapscott beschreibt anschaulich und spannend, wie die Informationstechnologie unser Leben revolutioniert: die Art, wie wir leben, lernen, arbeiten und kommunizieren.

An Beispielen unterschiedlicher Branchen wird deutlich, welche tiefgreifenden Konsequenzen sich für das Marketing von Produkten und Dienstleistungen, für die Wettbewerbsdynamik und für den unternehmerischen Erfolg ergeben.

Don Tapscott schöpft dabei aus seinem reichen Fundus an Beratungsprojekten und läßt Führungskräfte renommierter Unternehmen zu Wort kommen. Das zeigt realistisch die Chancen, aber auch die Risiken der Informationsgesellschaft der Zukunft.

Bill Gates: *Der Weg nach vorn*, Hamburg, Hoffmann und Campe 1995.

Nicholas Negroponte: *Total Digital*, München, Bertelsmann Verlag 1995.

Bill Gates ist Gründer und Eigentümer von Microsoft, Nicholas Negroponte Professor am Massachusetts Institute of Technology (MIT). Jeder ist auf seine Weise nicht nur Berichterstatter, sondern vor allem wichtiger Promoter der Informationsgesellschaft. Im Plauderton werden Möglichkeiten der zukünftigen Gestaltung unseres Lebens mit moderner Technik dargelegt. Visionen, die Veränderung der Welt und die Revolutionierung des Lebens durch Bits stehen im Mittelpunkt. Beide vermitteln interessante Einblicke, aber keinen Überblick.

Der Weg nach vorn ist vielleicht weniger wegen seiner technischen Offenbarungen lesenswert, als mehr wegen Unternehmer Gates und dessen Verhältnis zu Märkten und Kunden.

Negroponte verheißt nicht nur die Revolution von Atomen zu Bits, der Architekt und Direktor des Media Lab am MIT zeigt auch gerne die Fehler und Fallen auf, die mangelndes Designverständnis und fehlende Standards bewirken.

Mahner

Neil Postman: *Wir amüsieren uns zu Tode*, Frankfurt/Main, Fischer 1988; *Das Technopol*, Frankfurt/Main, Fischer 1991.

Joseph Weizenbaum: *Wer erfindet die Computermythen?*, Freiburg, Herder 1993; *Die Macht der Computer und die Ohnmacht der Vernunft*, Frankfurt/Main, Suhrkamp 1978.

Der Computer als Problem(er)löser für alle Sorgen und die Verantwortungslosigkeit im Umgang mit Technik sind das Thema von Mahnern und Warnern der Technikeuphorie. Sie treten als Gegenspieler zu den Propheten auf. Postman warnt, daß die Menschen immer mehr nur mit Symbolen umgehen, statt mit den Dingen selbst. Das Medium bestimmt unsere Sicht der Dinge. Technik verändere Strukturen allein durch den Gebrauch. Weizenbaum prangert die Abschiebung der Verantwortung auf Experten und Technik an. Die Maschinen entscheiden, nicht mehr wir selbst. Beide Autoren ziehen den Vergleich von Technik und Religion: Die einen überlassen Gott die Verantwortung, die anderen den Systemen. Wissenschaft wird dabei zum Religionsersatz mit den Studenten als Novizen, Professoren als Priester und Päpste, den Fakultäten als Kathedralen und deren Schriften als Bibel.

Mit *Die Macht der Computer und die Ohnmacht der Vernunft* hat Weizenbaum die Computerkritik begründet. Wer das Werk aufgrund seines Umfangs nicht lesen will, der ist mit *Wer erfindet die Computermythen?* mindestens ebenso gut bedient.

In *Wir amüsieren uns zu Tode* nimmt Postman den Faden von McLuhan („Das Medium ist die Botschaft") auf und setzt sich mit der Rolle der Unterhaltungsindustrie in unserem Denken und Handeln auseinander. Am Ende, so warnt er, werden wir bei Huxley ankommen. In *Das Technopol* beschreibt er die entmündigende Wirkung von Technik.

Klassiker

Aldous Huxley: *Schöne neue Welt*, Erstveröffentlichung 1931.

George Orwell: *1984*, Erstveröffentlichung 1949.

Im Kern geht es beiden Autoren nicht um Medien und Computer. Diese sind vielmehr die Bühne für Machtmißbrauch und Manipulation der Menschen. Während Orwell vor dem Eindruck von nationalsozialistischer und kommunistischer Willkür die Instrumente Bestrafung, Kontrolle und Unterdrückung betont, läßt Huxley seine Protagonisten auf Belohnung, Genmanipulation und Gehirnwäsche durch Medien setzen. Beide Romane finden ihre Beispiele in der Realität. Ein ehemaliger DDR-Bürger hat die DDR treffend als „kleines 1984" bezeichnet. Postman sieht die modernen TV-Gesellschaften auf dem Weg in die Welt von Huxley.

Überflieger

Marshall McLuhan: *The Global Village*, Oxford University Press 1989, Jungfermann Verlag 1995.

McLuhan war der erste, der sein Denken ganz auf die Medien bezog. „Das Medium ist die Botschaft", kultureller Wandel entsteht über die Medien – das war die Leitlinie von McLuhan. Es ist nicht wichtig, was die Medien vermitteln, sondern wie und daß sie es tun. Jede Technologie entwickelt ihre eigene Intention im Wechselspiel der Gegensätzlichkeiten, von Explosion und Implosion, von Figur und Hintergrund.

Meiré und Meiré und Peter Glaser: *Online-Universum*, Düsseldorf, Metropolitan Verlag 1996.

Meiré&Co. schießen des öfteren über das Ziel hinaus, manchmal liegen sie auch gänzlich daneben. Aber eine große Themenbreite, viele inspirierende Ideen und eine interessante Präsentation heben das Buch aus der Masse hervor.

Geschichte

Heinz Zemanek: *Weltmacht Computer*, Esslingen, Bechtle Verlag 1991.

Der Wiener Heinz Zemanek (Jahrgang 1920) ist der vielleicht größte Allrounder der Informatik und war in den 70er Jahren eine ihrer zentralen Figuren. Aus seinem Reichtum an Wissen schöpfend hat er in diesem Buch die Entwicklung und die verschiedenen Aspekte des Computers lebendig dargestellt.

Patrice Flichy: *Tele – Geschichte der modernen Kommunikation*, Frankfurt/Main, Campus 1994.

Ein historischer Streifzug durch die Technik der Kommunikation mit vielen Querverbindungen zur Gesellschaftsentwicklung. Die zentrale These: Nicht einzelne, aus dem Nichts kommende, Erfinder stehen für eine Erfindung, sondern ein komplexer Prozeß über viele Jahre von verschiedenen Mitwirkenden führt schließlich zu einer bestimmten Technologie.

Gesellschaft

Howard Rheingold: *Virtuelle Welten*, Hamburg, Rowohlt 1992; *Virtuelle Gemeinschaft*, Bonn, Addison-Wesley 1994.

Rheingold hat die Erfinder virtueller Welten besucht. Sehr ausführlich schildert er in *Virtuelle Welten* die Entwicklung von den Anfängen bis in die heutige Zeit. Als einer der Gründer und „Bewohner" von WELL, einer legendären Online-Gemeinschaft an der San Francisco Bay, erzählt er in *Virtuelle Gemeinschaft* vom Alltag im Cyberspace.

Achim Bühl: *Cybersociety*, Köln, Papy-Rossa Verlag 1996.

Die Technik der Virtual Reality wird nach Bühl die wichtigste Entwicklung der nächsten Jahre und Basis der Informationsgesellschaft sein. Dazu führt der Autor eine bündige Bestandsaufnahme der bisherigen Entwicklung der Virtual Reality durch und beleuchtet die ökonomischen und sozialen Chancen und Risiken dieser Technologie.

Lernen

Thomas Sattelberger (Hrsg.): *Die lernende Organisation*, Wiesbaden, Gabler 1996.

Schon das Inhaltsverzeichnis ist lesenswert. Das Buch enthält viele gute Ideen, benötigt aber einige Zeit für die Lektüre. Verschiedene Autoren beschreiben die Bausteine auf dem Weg zur lernenden Organisation: dialogorientierter Lernprozeß, entscheidungsorientierte Kommunikation, Benchmarking und strukturiertes Wissen.

Sabine Krämer, Klaus-Dieter Walter: *Informationsmanagement*, München, Knaur 1996.

Die Aufnahmekapazität des einzelnen Menschen ist begrenzt. Wie kann jeder Medien effizient nutzen und das für ihn Notwendige auswählen? Krämer und Walter behandeln das persönliche Informationsmanagement und stellen so eine gute Ergänzung zum Wissensmanagement eines Unternehmens dar.

Marketing

Kurt Rohner: *Cybermarketing*, Zürich, Orell Füssli Verlag 1996.

Telekommunikation fordert neue Marketingkonzepte und bietet dem Marketing neue Möglichkeiten. Kapitel 1-4 des Buches geben die Intention von Cybermarketing wieder und schaffen einen guten Überblick.

Heinz-Rüdiger Huly, Stefan Raake: *Marketing Online*, Frankfurt/Main, Campus 1995.

Umfassend, bodenständig und mit zahlreichen Beispielen liefern die Autoren eine nützliche Hilfestellung für die Praxis.

Kunden

Alvin Toffler: *Die dritte Welle – Zukunftschance*, München, Bertelsmann 1980.

1980 erschienen, aber immer noch lesenswert. Viele aktuelle Diskussionspunkte hat Toffler eingeleitet und vorweggenommen. Der Kunde wird nach Toffler wieder Teil des Produktionsprozesses, ein produzierender Konsument, der Prosumer.

Don Peppers und Martha Rogers: *Strategien für ein individuelles Kundenmarketing – Die 1:1-Zukunft*, Freiburg, Rudolf Haufe Verlag 1996.

Zentrale These: Die individuelle Leistungserbringung für Stammkunden ist profitabler als das Massenmarketing. Ein wegweisendes Buch.

Wachstum

Dwight L. Gertz, Jo+o P.A. Baptista *Grow to Be Great – Wider die Magersucht im Unternehmen*, Landsberg/Lech, verlag moderne industrie 1996.

Kostensenkung ist nicht alles, Schrumpfung die falsche Richtung. Prägnant und statistisch untermauert zeigen die Autoren, daß Wachstum für Unternehmen nicht nur notwendig ist, sondern immer auch möglich. Faule Ausreden wie „falsche Branche" oder „schlechte Konjunktur" sind durch das Zahlenmaterial und die Beispiele widerlegbar. Ein sorgfältig gewähltes Kundenportfolio, ein ständiger Strom innovativer Produkte und neue Absatzwege sind Eckpfeiler einer Wachstumsstrategie. *Grow to Be Great* ist eine wichtige Ergänzung zu diesem Buch. Unbedingt lesen.

Alfred Rappaport: *Shareholder Value*, Stuttgart, Schäffer-Poeschel Verlag 1995.

Alfred Rappaport ist der Wegbereiter des Shareholder Value. Der Shareholder Value eines Unternehmens wird oft mit dem Gewinn für Aktionäre verwechselt. In diesem Klassiker weist Rappaport aber gerade nach, daß Gewinn und Umsatz nicht notwendigerweise den Wert eines Unternehmens korrekt wiedergeben. Er fordert deshalb eine Unternehmenspolitik der Wertsteigerung ein und liefert das Gerüst für ein entsprechendes Bewertungsverfahren. Für das Buch sind betriebswirtschaftliche Grundkenntnisse sinnvoll, aber auch ohne diese kann es mit Gewinn (bzw. Wert) gelesen werden.

Dokumentation

U. Riehm, K. Böhle, I. Gabel-Becker, B. Wingert: *Elektronisches Publizieren, eine kritische Bestandsaufnahme*, Heidelberg, Springer Verlag 1992.

Manches mag an der Bestandsaufnahme bereits überholt sein. Trotzdem ist das Buch immer noch lesenswert. Wer intensiv mit Dokumentation zu tun hat, bekommt einen guten Vergleich über den Schreibprozeß auf Papier und am Computer. Auf die Frage „Ist der Computer tatsächlich eine Schreibhilfe?" geben eine Reihe von Untersuchungen Antworten.

Rolf G. Henzler: *Information und Dokumentation*, Heidelberg, Springer 1992.

Aufregendes zum Thema Dokumentation kann das Buch nicht vermitteln, aber mit vielen Tabellen ordnet der Autor das Gebiet übersichtlich. Keine Anleitung für den Praktiker, sondern ein Lehrbuch für den breitgefächerten Einstieg.

Im Verhältnis zum ausgesprochen hausbackenen deutschen Dokumentationswesen sind diese Bücher zumindest auf der Höhe der Zeit. Für fortgeschrittene Geister sei die Zeitschrift „INFOdoc – Technologien für Information und Dokumentation" aus dem Gabler-Verlag empfohlen.

Information

Horst Völz: *Information verstehen*, Braunschweig, Vieweg 1994.

Leicht verständlich wird der Frage „Was ist Information?" nachgegangen. Die verschiedenen Facetten von Information und ihrer Verarbeitung werden dargestellt und verschaffen einen guten Einblick. Ein gelungenes Buch für die Bibliothek „Allgemeinwissen".

Charles B. Wang: *Im Dschungel der Informationstechnologie*, Frankfurt/Main, Campus 1995.

Ein Survival Guide für Manager lautet der Untertitel. Unterhaltsam redet Charles Wang über die Kluft zwischen Management und Informatikabteilung und wie diese zu beseitigen ist. Wer diese Kluft kennt, der bekommt eine leicht lesbare Anleitung, um einen Anfang zu machen.

Zeitschriften

Zahlreiche Zeitschriften und Zeitungen, auch aus der Nichtfachwelt, berichten ausführlich über die Themen zur Informationsgesellschaft. Nützlich sind oft die thematischen Sonderausgaben.

Informationsquelle Internet

Das Internet selbst ist die erste Anlaufstelle, wenn es darum geht, Informationen zum Thema Internet zu erhalten. Auf der Homepage des Autors http://www.bode.de finden Sie weiterführende Tips und Texte. Dort können Sie auch ihre E-Mail-Adresse in den Verteiler des Informationsbriefes zur Informationsgesellschaft eintragen lassen. Sie erhalten dann per E-Mail in Abständen weitere Informationen zum Thema Informationsgesellschaft. – Denn die Zeit bleibt nicht stehen.

Weitere Management-Top-Titel

Don Tapscott
Die digitale Revolution
Verheißungen einer vernetzten Welt – Die Folgen
für Wirtschaft, Management und Gesellschaft
384 Seiten, 68,– DM

„Cyber-Guru" Don Tapscott nimmt in diesem pragmatischen Führer durch
die digitale Welt der Zukunft die Chancen, aber auch die
Risiken unter die Lupe. Im Zentrum steht die entscheidende Frage:
Was bedeutet die neue Technologie für uns
und unsere Unternehmen?

Robert Salmon
Alle Wege führen zum Menschen
Mit humanem Management zu dauerhaftem Erfolg
324 Seiten, 78,– DM

Die Reflexionen des Topmanagers und Zukunftsberaters Robert
Salmon über die Entwicklung der modernen Gesellschaft machen
deutlich: Nur wenn es Unternehmen gelingt, den Menschen ins
Zentrum ihres Tuns zu stellen, werden sie langfristig Erfolg haben.

Charles Handy
Ohne Gewähr
Abschied von der Sicherheit – Mit dem Risiko leben lernen
208 Seiten, 68,– DM

Laut Management-Guru Charles Handy ist Ungewißheit die einzige
Gewißheit in Zeiten unaufhaltsamen Wandels. Unsere einzige
Chance besteht darin, neu zu denken, ständig zu lernen und mutig
zu experimentieren. Eine faszinierende Reise durch die Welt des Wandels.

Stand der Angaben und Preise: 1.4.1997
Änderungen vorbehalten.

GABLER

BETRIEBSWIRTSCHAFTLICHER VERLAG DR. TH. GABLER GMBH, ABRAHAM-LINCOLN-STR. 46, 65189 WIESBADEN

Weitere Management-Top-Titel

Geoffrey Moore
Das Tornado-Phänomen
Die Erfolgsstragien von Silicon Valley
und was Sie daraus lernen können
256 Seiten, 68,– DM

Welche Strategien sind erforderlich, um im Aufwind des Hyperwachstums schnellebiger Märkte die Markführerschaft zu übernehmen? „Das Tornado-Phänomen" bietet einen Blick hinter die Kulissen führender Unternehmen wie Hewlett-Packard, Microsoft, Intel und Sybase.

Wolfgang Berger
Business Reframing
Das Ende der Moden und Mythen im Management
232 Seiten, 68,– DM

Auf der Grundlage neuer naturwissenschaftlicher Erkenntnisse muß das Management radikal verändert werden. Wolfgang Berger, Ökonom und Philosoph, zerstört Mythen und Moden im Management mit zehn kühnen Thesen und aufregenden Perspektiven.

Gerhard Schwarz
Konfliktmanagement
Sechs Grundmodelle der Konfliktlösung
324 Seiten, 89,– DM

Konflikte gründlich zu analysieren und Konfliktprozesse nachhaltig zu steuern – diese Fähigkeiten werden von Führungskräften immer mehr gefordert. Dieses wegweisende und spannend zu lesende Buch vermittelt eine Fülle von Erkenntnissen für den sinnvollen Umgang mit Konflikten.

Stand der Angaben und Preise: 1.4.1997
Änderungen vorbehalten.

GABLER

BETRIEBSWIRTSCHAFTLICHER VERLAG DR. TH. GABLER GMBH, ABRAHAM-LINCOLN-STR. 46, 65189 WIESBADEN